事業者必携

[最新]
株式会社の議事録と登記申請書フォーマット135

司法書士
円山雄一朗 監修

三修社

本書に関するお問い合わせについて
本書の内容に関するお問い合わせは、お手数ですが、小社
あてに郵便・ファックス・メールでお願いします。
なお、執筆者多忙により、回答に1週間から10日程度を
要する場合があります。あらかじめご了承ください。

はじめに

　株式会社は、その事業を継続していく上で、取締役を加えたり、役員報酬を見直したり、募集株式を発行して増資を行ったり、会社の機関設計を変更したり、本店移転をする必要が生じてくると思います。

　このような会社の重要な事項を決定するためには、株主総会や取締役会を開催し、その決議を経る必要があり、株主総会や取締役会を開催した後には、その議事録を作成することが会社法で義務付けられています。また、株主総会や取締役会で決議・変更をした事項が登記をしなければならない事項であった場合、その登記をする必要が生じてきます。

　登記をしなくてはならない事項について登記がされていなかったり、登記事項と定款など会社の実体に不一致があったり、作成しておくべき議事録を会社に保管していなかったことが取引先などに判明した場合、取引先などにマイナスのイメージを持たれてしまうおそれがないともいえません。

　したがって、会社が適法・円滑に法務手続きを行い、事業活動に専念するためにも、中小企業の経営者や総務・法務の担当者の方は、議事録や登記の必要性、議事録の記載事項や表現方法、登記申請に関して、知識を深めておく必要があります。

　本書は、株式会社が事業を継続していく間に生じ得る、株主総会の招集、役員変更、役員の報酬や役員の責任、株式に関する変更、募集株式の発行による資金調達、本店移転、組織再編といった事案について、株主総会や取締役会の議案例や登記申請書例を中心に収録した書式集です。本書の編集にあたり、私の実務上の経験を踏まえた上で、使用頻度が高い重要な書式を可能な限り掲載しています。実際に実務で使用している独自の書式も掲載しています。

　本書を議事録の作成や登記申請、ひいては適法かつ円滑な会社運営にご活用いただければ、監修者としてこれに勝る喜びはありません。

監修者　司法書士　円山雄一朗

Contents

はじめに

第1章 議事録と登記の基礎知識

1 議事録とはどのような目的で利用されるのか　12
2 議事録作成の手順について知っておこう　17
3 株主総会の議事録の作成手順をおさえよう　20
　書式1　一般的な臨時株主総会議事録例　24
4 取締役会の議事録の作成手順をおさえよう　26
　書式2　一般的な取締役会議事録例　31
　書式3　取締役決定書例　33
　書式4　取締役会議事録例（取締役会の決議を省略する場合）　35
　書式5　取締役会決議省略のための提案書例　36
　書式6　取締役会決議省略のための同意書例　37
5 監査役会の議事録の作成手順をおさえよう　38
　書式7　一般的な監査役会議事録例　40
6 押印方法について知っておこう　42
7 商業登記の申請手続きについて知っておこう　47

第2章 株主総会の招集に関する議事録

1 株主総会の招集についての法律知識　54
2 株主総会招集に関する書類作成の注意点　57
　書式1　株主総会招集通知例　59
　書式2　株主総会参考書類例　60
　書式3　議決権の代理行使に関する委任状例　61
　書式4　取締役会議事録例（定時株主総会の招集の決定）　62
　書式5　定時株主総会議事録例　65

| 書式6 | 株主総会議事録例（株主総会の開催を省略した場合） | 67 |

第3章 役員等の変更に関する議事録と登記

1 役員等の選任・解任についての法律知識		70
2 役員等の選任・解任に関する議案の作成方法		75
書式1	株主総会議案例（任期満了に伴う取締役の選任〈全員再選重任〉）	80
書式2	株主総会議案例（任期満了に伴う取締役の選任〈一部の取締役の退任〉）	80
書式3	株主総会議案例（定款変更による任期満了に伴う取締役の選任）	81
書式4	株主総会議案例（増員取締役の選任）	82
書式5	株主総会議案例（補欠取締役の選任）	82
書式6	株主総会議案例（取締役の解任）	83
書式7	取締役会議案例（代表取締役の選定〈再選〉）	83
書式8	取締役会議案例（代表取締役の選定）	84
書式9	取締役決定書（代表取締役の互選書〈代表取締役の選定の例〉）	84
書式10	株主総会議案例（監査役の選任）	85
書式11	株主総会議案例（補欠監査役の選任）	85
書式12	監査役会議案例（監査役選任議案についての同意）	86
書式13	監査役会議案例（監査役選任議案を株主総会に提出することの請求）	86
書式14	監査役会議案例（常勤監査役の選定及び解職）	87
書式15	株主総会議案例（会計参与の設置・選任）	88
書式16	株主総会議案例（会計監査人の選任）	89
書式17	監査役会議案例（会計監査人の解任）	89
3 役員等の変更に関する登記申請書の作成方法		90
書式18	登記申請書例（取締役、代表取締役及び監査役の変更）	96
書式19	登記すべき事項の入力例（取締役、代表取締役及び監査役の変更）	97
書式20	監査役の辞任届例	98

書式21	就任承諾書例（選任後就任承諾する場合）	99
書式22	就任承諾書例（株主総会の事前に就任承諾する場合）	99
書式23	登記申請書例（取締役、代表取締役及び会計監査人の変更）	100
書式24	登記すべき事項の入力例（取締役、代表取締役及び会計監査人の変更）	101
書式25	印鑑届書	102
書式26	登記申請書例（取締役会設置会社における取締役及び代表取締役の変更）	103
書式27	登記申請書例（取締役の解任）	104

第4章　役員等の報酬・行為等に関する議事録と登記

1　役員の報酬決定のしくみはどうなっているのか　106
2　取締役や監査役の職務についての法律知識　108
3　報酬・退職金についての議案作成の注意点　111

書式1	株主総会議案例（取締役・監査役の報酬額の改定）	113
書式2	取締役会議案例（取締役の報酬額の決定）	114
書式3	取締役会議案例（取締役の報酬の減額）	114
書式4	株主総会議案例（取締役の報酬の増額）	115
書式5	株主総会議案例（退職慰労金贈呈の件）	115
書式6	取締役会議案例（退職慰労金贈呈の件）	116
書式7	監査役会議案例（監査役の報酬を決定する場合）	116
書式8	株主総会議案例（役員賞与支給の件）	117

4　役員の責任・行為についての書式作成の注意点　118

書式9	株主総会議案例（取締役等の会社に対する責任の免除に関する規定の設定）	122
書式10	登記申請書例（取締役等の会社に対する責任の免除に関する規定の設定）	123
書式11	登記すべき事項の入力例（取締役等の会社に対する責任の免除に関する規定の設定）	124
書式12	株主総会議案例（社外取締役等の責任限定契約に関する規定の設定）	125
書式13	登記申請書例（社外取締役等の責任限定契約に関する規定の設定）	126

書式14	登記すべき事項の入力例（社外取締役等の責任限定契約に関する規定の設定）	127
書式15	取締役会議案例（取締役の競業取引の承認）	128
書式16	取締役会議案例（取締役の利益相反取引の承認）	129
書式17	取締役会議案例（重要な財産の譲受け）	130
書式18	取締役会議案例（多額の借財を行う場合）	131
書式19	取締役会議案例（支店の設置）	132
書式20	登記申請書例（支店の設置〈本支店一括申請〉）	133
書式21	登記すべき事項の入力例（支店の設置〈本支店一括申請〉）	134
書式22	取締役会議案例（支配人の選任）	134
書式23	登記申請書例（支配人の選任）	135
書式24	登記すべき事項の入力例（支配人の選任）	136
書式25	支配人の印鑑の届出に関する会社の保証書	136

第5章　株式に関する議事録と登記

1	株式についての法律知識	138
2	株式に関する書式作成の注意点	143
書式1	株主総会議案例（株券を発行する旨の定めの廃止）	149
書式2	登記申請書例（株券を発行する旨の定めの廃止）	152
書式3	株主名簿記載事項証明書例	153
書式4	株主総会議案例（株式の譲渡制限に関する規定の設定）	154
書式5	登記申請書例（株式の譲渡制限に関する規定の設定）	158
書式6	登記すべき事項の入力例（株式の譲渡制限に関する規定の設定）	159
書式7	株式譲渡承認請求書例（非公開会社において株式を譲渡する場合）	159
書式8	取締役会議案例（株式の譲渡承認を行う場合）	160
書式9	取締役会議案例（株式の消却）	160
書式10	登記申請書例（株式の消却）	161

書式11	株主総会議案例(株式の併合)	162
書式12	登記申請書例(株式の併合)	163
書式13	取締役会議案例(株式の分割と株式の分割に伴う発行可能株式総数の変更)	164
書式14	登記申請書例(株式の分割)	165
書式15	登記すべき事項の入力例(株式の分割)	166
書式16	株主総会議案例(特定の株主からの自己株式の取得)	166

第6章 募集株式の発行による増資・減資等に関する議事録と登記

1 募集株式の発行による増資・減資等に関する法律知識　168
2 募集株式の発行による増資・減資等に関する書式作成の注意点　172

書式1	株主総会議案例(第三者割当による募集株式の発行)	179
書式2	取締役会議案例(株主割当による募集株式の発行)	180
書式3	株主総会議案例(第三者割当・DESによる募集株式の発行)	181
書式4	株主総会議案例(第三者割当・総数引受契約による募集株式の発行)	182
書式5	募集株式の総数引受契約書例	183
書式6	株主総会議案例(募集事項の決定を取締役会に委任する場合)	184
書式7	取締役会議案例(株主総会の委任により募集事項を決定する場合)	185
書式8	募集株式の引受申込書例	186
書式9	取締役会議案例(募集株式の割当)	187
書式10	株主総会議案例(取締役会非設置会社で募集事項の決定と同時に割当決議をする場合)	188
書式11	登記申請書例(募集株式の発行)	189
書式12	登記すべき事項の入力例(募集株式の発行)	190
書式13	資本金の額の計上に関する証明書例	190
書式14	払込みがあったことを証する書面例	191
書式15	株主総会議案例(新株予約権の募集事項の決定を取締役会へ委任する場合)	192
書式16	取締役会議案例(株主総会の委任を受け新株予約権の募集事項を決定する場合)	192

書式17	新株予約権発行要項例	193
書式18	登記申請書例（新株予約権の発行）	196
書式19	登記すべき事項の入力例（新株予約権の発行）	197
書式20	株主総会議案例（資本金の額の減少）	199
書式21	登記申請書例（資本金の額の減少）	200
書式22	資本減少に関する債権者への催告書例	201
書式23	催告をしたことを証する書面例（兼異議を述べた債権者がいない旨の証明書）	203
書式24	株主総会議案例（剰余金の配当）	204

第7章　定款変更・本店移転に関する議事録と登記

1　定款変更のしくみについて知っておこう　206
2　定款変更・本店移転に関する書式作成の注意点　211

書式1	株主総会議案例（商号・目的・公告方法の変更）	214
書式2	登記申請書例（商号・目的・公告方法の変更）	216
書式3	登記すべき事項の入力例（商号・目的・公告方法の変更）	217
書式4	株主総会議案例（本店の所在地の変更）	218
書式5	取締役会議案例（新本店の具体的所在場所・移転年月日の決定）	218
書式6	登記申請書例（本店移転、代表取締役の住所変更登記・旧本店所在地の管轄登記所宛）	219
書式7	登記すべき事項の入力例（本店移転、代表取締役の住所変更登記・旧本店所在地の管轄登記所宛）	219
書式8	登記申請書例（本店移転登記・新本店所在地の管轄登記所宛）	220
書式9	登記すべき事項の入力例（本店移転登記・新本店所在地の管轄登記所宛）	221
書式10	登記申請書例（定款変更が不要な場合の本店移転）	223

3　機関の設置・廃止に関する書類作成の注意点　224

書式11	株主総会議案例（取締役会・監査役設置会社の定めの廃止）	226
書式12	登記申請書例（取締役会・監査役設置会社の定めの廃止等）	237
書式13	登記すべき事項の入力例（取締役会・監査役設置会社の定めの廃止等）	238

書式14	株主総会議案例（取締役会・監査役設置会社の定めの設定）	239
書式15	取締役会議案例（取締役会設置に伴う代表取締役の選定）	240
書式16	登記申請書例（取締役会・監査役設置会社の定めの設定等）	241
書式17	登記すべき事項の入力例（取締役会・監査役設置会社の定めの設定等）	242

第8章 組織再編に関する議事録と登記

1 組織再編について知っておこう　244
2 吸収合併・吸収分割に関する書式作成の注意点　249

書式1	吸収合併存続会社における取締役会議案例（合併契約の締結）	252
書式2	吸収合併消滅会社における取締役会議案例（合併契約の締結）	252
書式3	吸収合併契約書例	253
書式4	吸収合併存続会社における株主総会議案例（吸収合併契約の承認）	255
書式5	吸収合併消滅会社における株主総会議案例（吸収合併契約の承認）	256
書式6	登記申請書例（吸収合併存続会社についての合併による変更登記）	257
書式7	登記すべき事項の入力例（吸収合併存続会社についての変更登記）	258
書式8	登記申請書例（吸収合併消滅会社についての合併による解散登記）	258
書式9	吸収分割契約書例	259
書式10	吸収分割会社における株主総会議案例（吸収分割契約の承認）	261
書式11	吸収分割承継会社における株主総会議案例（吸収分割契約の承認）	261
書式12	登記申請書例（吸収分割承継会社についての吸収分割による変更登記）	262
書式13	登記申請書例（吸収分割会社についての吸収分割による変更登記）	263

第1章

議事録と登記の基礎知識

1 議事録とはどのような目的で利用されるのか

商業登記申請や閲覧・謄写の請求を受けたときに必要

● 何のために議事録を作成するのか

　株主総会や取締役会が開催された場合、株式会社は議事録を作成しなければなりません。**議事録**とは、議事の経過の要領・その結果、場合によっては出席した役員の発言内容などについて記録したものです。

　会社法は、株主総会・取締役会・監査役会といった会議が開催されたとき（開催されたとみなされたときも含む）には、議事録を作成することを義務付けています（会社法318条・369条3項・393条2項）。株主総会後議事について作成する議事録を**株主総会議事録**、取締役会の議事について作成する議事録を**取締役会議事録**、監査役会の議事について作成する議事録を**監査役会議事録**といいます。

　各議事録には会社法、会社法施行規則で記載しなくてはならない事項が法定されています。この記載しなくてはならない事項（法定記載事項）は、各議事録によって異なります。逆にいうと、法定記載事項さえ記載していれば、その他の形式は原則として会社の自由です。

　作成した議事録は会社の役員などだけが見るものではありません。商業登記をする際の添付書類となることもあります。また、一定の要件を満たす株主や債権者などが閲覧や謄写（原本の写し）の請求をしてきた場合には、会社は原則としてそれに応じる義務があります。

　したがって、株式会社は会社法その他の法令にしたがって、適法な議事録を作成する必要があります。

● 会社の機関設計について

　議事録の内容の説明に入る前に、株式会社における株主総会や取締役会の位置付け、会社の機関設計について理解しておく必要があります。

会社は法人なので、自然人（会社や団体ではない個人のこと）のように自ら意思を決定し、行動することはできません。そこで、会社の構成員である個人や会議体の意思・行動を、会社の意思・行動として認める必要があります。会社において、このような機能をもつ個人や会議体のことを**機関**といいます。

　会社法上、株式会社の機関として規定が置かれているのは、①株主総会、②取締役及び代表取締役、③取締役会、④監査役、⑤監査役会、⑥会計監査人、⑦会計参与、⑧委員会及び委員、⑨執行役及び代表執行役です。すべての株式会社で設置が義務付けられているのは株主総会と取締役だけであり、その他の機関については、会社の規模や性質に応じて、機関の設置を義務付けるかどうかが決められています。

　たとえば、公開会社（発行する全部又は一部の株式の内容として譲渡による取得について会社の承認を要する旨の定款規定を設けていない会社）、監査役会設置会社、委員会設置会社は必ず取締役会を設置しなければなりません。これに対して公開会社以外の会社（発行する全部の株式に譲渡制限規定が設けてある会社。本書では「非公開会社」といいます）の場合は、取締役会を設置するかどうかを自由に選択することができます。取締役会設置会社（委員会設置会社を除く）

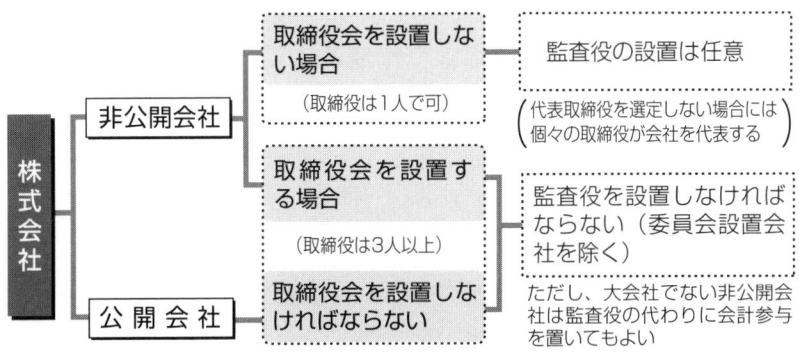

■ 公開会社と非公開会社の違い

は、代表取締役を1名以上選定しなければならず、また監査役を置かなければなりません（非公開会社の場合は監査役の代わりに会計参与でも可）、取締役会を設置しない会社（本書では「取締役会非設置会社」といいます）においては、代表取締役を選定するかどうかは任意であり、また監査役を置く義務もありません。

　また、委員会設置会社以外の大会社（最終事業年度に係る貸借対照表に資本金として計上した額が5億円以上か負債の部に計上した額の合計額が200億円以上である会社のこと）については監査役、会計監査人を設置する義務があります。なお、委員会設置会社とは、委員会（指名委員会、報酬委員会、監査委員会）を置く会社のことです。取締役ではなく、執行役が業務執行権を有し、執行役の業務執行を取締役会、委員会で監督するため、監査役（会）の設置ができないという機関構造の会社のことをいいます。本書では、特に断りのない限り対象として委員会設置会社を想定しないこととします。

　株式会社の機関設計のパターンは、実に40パターン近くあり、上記のように会社法で定められた機関設置義務も数多くありますので、機関を設計するにあたっては慎重に検討すべきでしょう。

　株主総会議事録はすべての会社において作成が必要となりますが、取締役会を設置した場合は取締役会議事録、監査役会を設置した場合は監査役会議事録の作成が必要になります。

● 議事録は電磁的記録により作成することが可能

　議事録は書面で作成されることが一般的ですが、会社法上、電磁的記録によって作成することが可能とされています。

　電磁的記録とは、CD-ROMやDVD-ROMなど、確実に情報を記録しておける記録メディアあるいは電子媒体と呼ばれるものに記録したものをいいます。CD-ROMやDVD-ROMの他にも、磁気テープやフロッピーディスク、メモリースティック、SDカード、ICカード

などに情報を記録したものが電磁的記録として認められています。

電磁的記録により議事録を作成した場合は、書面で議事録が作成された場合と署名又は記名押印（18ページ）、後述する議事録の備置きなどについての取扱いが異なります。

たとえば、電磁的記録によって議事録が作成された場合、書面で作成された場合と異なり、署名や記名押印をする代わりに電子署名をすることになります。**電子署名**とは、署名や記名押印に相当するもので、文書の内容の改ざんを防止するしくみがとられているものをいいます。

本書においては、書面をもって議事録が作成されることを前提として説明をしていきます。

● 議事録の備置義務と閲覧・謄写請求について

会社法は、作成した議事録についての会社の備え置き義務を規定しています。そして、この備え置かれた議事録は株主など一定の者が閲覧・謄写請求ができることになっています。以下、「どこ」に備え置き、「誰が」閲覧・謄写の請求をすることができるかなどを確認していきましょう。

① 株主総会議事録

株主総会議事録は、株主総会開催の日から、原本を10年間本店に備え置かなくてはなりません。また、会社が支店を設置している場合は、その写しを5年間備え置く必要があります。

備え置かれた議事録は、株主及び債権者であれば会社の営業時間内はいつでも閲覧・謄写の請求をすることが可能です。また、親子会社の場合、親会社の社員は、その権利を行使するために必要があるときは、裁判所の許可を得て、閲覧・謄写請求をすることが可能です。

② 取締役会議事録

取締役会議事録は、取締役会の日から10年間本店に備え置かなくてはなりません。

監査役設置会社・委員会設置会社以外の会社の場合、株主は、備え置かれた議事録を、その権利を行使するため必要があるときは、会社の営業時間内はいつでも閲覧・謄写の請求をすることが可能です。

監査役設置会社・委員会設置会社の場合、株主は、その権利を行使するために必要があるときは、裁判所の許可があれば閲覧・謄写請求をすることができます。監査役設置会社とは、業務監査権がある監査役を設置する会社をいいます。監査役は原則、取締役の職務執行を監査する権限、いわゆる業務監査権を有しますが、監査役会設置会社及び会計監査人設置会社以外の非公開会社においては、監査役の監査の範囲を会計に関するものに限定する旨を定款で定めることができます（監査役の権限については110ページ参照）。

一方、会社の債権者及び親会社の社員は、取締役など役員の責任を追及するために必要があるときは、裁判所の許可を得て、閲覧・謄写の請求をすることができます。ただし、裁判所は、閲覧・謄写の請求をすることにより、会社（親会社・子会社を含む）に著しい損害を及ぼすおそれがあると認めるときはその許可をすることができないとされています。株主総会議事録に比べ、閲覧・謄写ができる場合が限定的であるのは、一般的に取締役会議事録の方が会社の重要な機密事項が記載されている場合が多いためです。

③ **監査役会議事録**

取締役会議事録同様、監査役会の日から10年間本店に備え置く必要があります。株主及び親会社の社員が、その権利を行使するため必要があるとき、また、会社の債権者が取締役など役員の責任を追及するために必要があるときは、裁判所の許可を得れば、閲覧・謄写の請求をすることが可能です。裁判所の許可については、取締役会議事録同様、会社に著しい損害を及ぼすおそれがあると認めるときは、裁判所は許可することができないとされています。

2 議事録作成の手順について知っておこう

事前に議事録の案文を作成しておくことが実務上多い

● 議事録作成の期日について

　株主総会や取締役会などが開催された場合には議事録を作成する義務がありますが、いつまでに作成すればよいかが問題となります。

　株主総会議事録の場合、「株主総会の日から10年間、株主総会議事録を本店に備え置かなければならない（会社法318条2項）」とされています。取締役会議事録、監査役会議事録などにも同様の「取締役会の日から」「監査役会の日から」という規定があります（会社法371条1項、394条1項）。

　そこで、議事録は株主総会などの開催前に、想定される議事の経過・結果をもとに事前作成しておき、株主総会などが終結した場合には、できるだけ早く修正や加筆を行い、議事録を完成させるのがよいでしょう。

● 議事録の作成の注意点

　議事録を作成するためには、各議事録の法定記載事項を確認しておく必要があります。各議事録の法定記載事項は、株主総会議事録については20ページ、取締役会議事録については26ページ、監査役会議事録については38ページに詳細を記載していますので、事前にきちんと把握しておくようにしましょう。

　また、事前に想定される内容で議事録を作成していたとしても、株主総会や取締役会中、想定していなかった議案が提出され、決議される可能性もありますので、場合によっては録音するなどして、後で正確な議事録を作成しやすくするような準備も必要です。

● 議事録にする押印などについて

　取締役会議事録には、出席した取締役及び監査役が署名又は記名押印する必要があり（会社法369条3項）、監査役会議事録には、出席した監査役が署名又は記名押印する必要があります（会社法393条2項）。一方、株主総会議事録には署名又は記名押印の義務を定めた法令はありません。ただし、会社の定款などで、出席した取締役などに署名又は記名押印の義務を規定している会社は、定款などの規定に従って株主総会議事録にも署名又は記名押印をする義務が発生します。

　なお、**署名**とは、本人が自署することで、**記名押印**とは、パソコンで印字する・ゴム印を押印するなどして記載した名前の右横に印鑑を押すことです。

　議事録への署名又は記名押印をする理由は、議事録に記載されている内容の決議が真実に行われたものであることを証明するため、また、その議事録が会社にとって真正なものであることを証明するためです。議事録中で決議されている内容に出席役員が責任を負うという意味もあります。

　したがって、株主総会議事録についても、定款などに署名又は記名押印義務がなくても、出席役員が署名又は記名押印をするのが望ましいといえるでしょう。一般的にも、議長や議事録作成に係る職務を行った代表取締役が記名の上、会社代表印（42ページ）を押印したり、出席取締役全員が記名押印するなどの取扱いをする会社が多いようです。

● 議事録に添付する書類

　議事録に添付すべき書類については、特に法律上の定めはありませんが、株主総会、取締役会、監査役会で実際に配布した資料など議案の詳細が記載してある資料を添付するのが一般的です。

　たとえば、株主総会の招集通知に添付される「株主総会参考資料」

には、議案の詳細が記載してあるため、株主総会の招集通知を株主総会議事録の資料として添付する会社も多くあります。

議事録の記載だけでは決議や報告の詳細がわからない場合、たとえば、「別紙○○書のとおり○○したい旨を提案し」と記載されている場合は、別紙○○書を資料として議事録に添付しないと、後日、議事録からは決議・報告された内容が明確にわかりません。そのため、議場に提出された資料は議事録に添付するとよいでしょう。

ただし、取締役会や監査役会に提出された資料は、会社にとって、機密性の高い情報を記載していることもありますから注意が必要です。議事録は、一定要件を満たした株主や債権者によって、閲覧や謄写の請求をされる場合があり、閲覧等の請求があった場合は議事録の添付書類もその対象になるためです。

したがって、場合によっては機密性の高い配布資料を添付しないなどの対応をして、万が一外部に漏れても会社に損害を与えることのないように注意しましょう。

■ 議事録の作成手順例

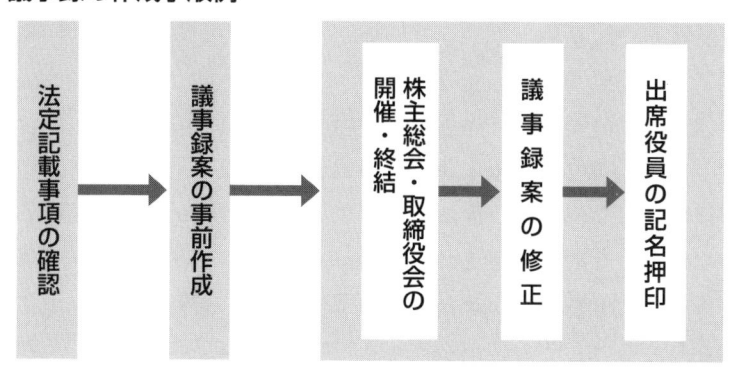

3 株主総会の議事録の作成手順をおさえよう

定款を確認して、会社の決議要件を把握する

● 株主総会議事録の法定記載事項

　株主総会議事録に記載する事項は、会社法施行規則72条3項各号で具体的に定められています。主な法定記載事項は次のとおりです。

・株主総会の開催日時・場所
・株主総会の議事の経過の要領と結果（報告内容と決議事項）
・株主総会に出席した取締役・執行役・会計参与・監査役・会計監査人の氏名や名称
・議長がいる場合、議長の氏名
・議事録の作成についての職務を行った取締役の氏名

　また、次に挙げる事項に関連する意見や発言があった場合などには、その意見・発言内容の概要も議事録に記載する必要があります。

・会計参与の選任・解任・辞任について会計参与が意見を述べた場合
・監査役の選任・解任・辞任について監査役が意見を述べた場合
・会計監査人の選任・解任・辞任について会計監査人が意見を述べた場合
・辞任した会計参与が辞任後初めて招集された株主総会に出席して辞任したこととその理由を述べた場合
・辞任した監査役が辞任後初めて招集された株主総会に出席して辞任したこととその理由を述べた場合
・辞任した会計監査人が辞任後初めて招集された株主総会に出席して辞任したこととその理由を述べた場合
・会計参与が取締役と共同で作成した計算書類・付属明細書・臨時計算書類に関連して取締役と意見が異なる場合に会計参与が意見を述べた場合

- 会計参与が会計参与の報酬などについて意見を述べた場合
- 取締役が株主総会に提出しようとしている議案や書類を調査した監査役が、法令・定款に違反する内容や著しく不当な事項があることを見つけた結果、その株主総会で報告した場合
- 監査役が監査役の報酬などについて意見を述べた場合
- 監査役の監査範囲を会計に関することに限定する旨を定款で定めた会社の監査役が、取締役が株主総会に提出しようとしている議案や書類を調査した結果、法令・定款に違反する内容や著しく不当な事項があることを見つけ、株主総会で報告した場合（非公開会社の場合）
- 計算書類とその付属書類・臨時計算書類・連結計算書類について、会計監査人と監査役の意見が異なる場合に会計監査人が定時株主総会で意見を述べた場合
- 定時株主総会で会計監査人の出席を求める決議があった場合にその決議を受けて出席した会計監査人が意見を述べた場合

● 株主総会の決議と賛成者の割合の記載

　株主総会の決議には、大きく分けると普通決議、特別決議、特殊決議という3種類の方法があります。

■ 株主総会議事録の主な記載事項

株主総会議事録の記載事項	
	① 開催日時・場所
	② 議事の経過の要領と結果
	③ 出席した取締役・執行役・会計参与・監査役・会計監査人の氏名又は名称
	④ 議長の氏名
	⑤ 議事録の作成についての職務を行った取締役の氏名

① 普通決議

　原則、議決権を行使することができる株主の議決権の過半数を持つ株主が出席（これを定足数といいます）し、出席した株主の議決権の過半数を得た場合に成立する決議のことです（会社法309条1項）。定足数については、定款で別段の定めをすることができ、定足数を軽減、排除、加重することができます。また、過半数という決議要件も定款によって加重することが可能です。ただし、役員（取締役・監査役・会計参与）の選任及び取締役、会計参与の解任の決議要件は「普通決議」ですが、通常の「普通決議」と異なり、定足数を3分の1未満にすることはできません（会社法341条）。会社にとって重要な決議だからです。3章で後述しますが、監査役及び累積投票制度（71ページ）によって選任された取締役の解任の決議要件は次の特別決議になります。また、会計監査人の選任・解任は通常の普通決議です。

　この役員の選任の決議の特殊性には十分に注意してください。

② 特別決議

　原則として議決権を行使することができる株主の議決権の過半数を持つ株主が出席し、出席した株主の議決権の3分の2以上を得た場合に成立する決議のことです。定款の規定により定足数は3分の1まで軽減することが可能で、決議要件に関しては加重することが可能です。定款変更や解散を決議する場合など、会社にとって重要な事項を決定する際は特別決議が必要とされています。

③ 特殊決議

　決議要件が特別決議よりもさらに重くなっている決議のことです。会社や株主にとって特に重大な影響を与える決議をする場合にはこの特殊決議が必要とされています。たとえば、公開会社において、株式について譲渡制限に関する規定を設定する旨の定款変更を行う場合には、特別決議では足りず、議決権を行使することができる株主の半数以上、かつ株主の議決権の3分の2以上の賛成を得る必要があります。

なお、定足数、決議要件は共に定款で加重することが可能です。

このように、株主総会は議案によって決議方法が異なります。したがって、議事録には、決議要件を満たしていることを明らかにするために、「満場一致をもって」や「出席株主の議決権の３分の２以上の賛成をもって」といった賛成者の割合を示すことが必要になります。

● 具体的な記載方法について

書式１は一般的な臨時株主総会議事録の書式例です。65ページの定時株主総会議事録例と比べると、様式が異なりますが、どちらの様式も法定記載事項が記載されていますので問題ありません。書式１の株主総会議事録は、末尾に出席取締役の全員が記名押印する形式になっていますが、代表取締役に関しては会社代表印（42ページ）を押印するのが一般的です。

なお、本書では、①商業登記をする上で、会社代表印を押印する必要がある箇所（会社代表印を押印することで出席役員の印鑑証明書の添付を省略することができる場合も含みます）には、中心部に「代表取締役之印」と刻印した印鑑で表示します。また、②商業登記上は会社代表印を押印する必要はない場合であっても、議事録の真正を保証するため、会社代表印を押印すべき箇所及び一般的に会社代表印が押印される箇所については大きい丸印の中に印と表示しています。さらに、③一般的には認印の押印で処理されることが多い箇所については小さい丸印の中に印と表示します（下の①〜③の印鑑参照）。

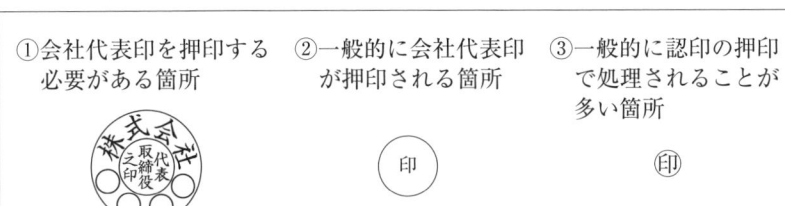

書式1　一般的な臨時株主総会議事録例

臨時株主総会議事録

　平成25年8月1日午前10時00分より、東京都××区××五丁目2番1号○○ビル7階の当社本店会議室において臨時株主総会を開催した。

　　　　株主の総数　　　　　　　　　　　　　50名
　　　　発行済株式の総数　　　　　　　　　8,000株
　　　　（自己株式の総数　0株）
　　　　議決権を有する総株主の数　　　　　　50名
　　　　議決権を行使することができる
　　　　株主の議決権の数　　　　　　　　　8,000個
　　　　出席株主の数（委任状による出席を含む）　50名
　　　　出席株主の議決権の数　　　　　　　8,000個
　　　　出席取締役　　星　光男　（議長兼議事録作成者）
　　　　　　　　　　　崎岡　円蔵
　　　　　　　　　　　井田　善治
　　　　出席監査役　　村田　一郎

　以上のとおり、議決権を行使することができる株主全員の出席があったので、本総会は適法に成立した。
　よって、代表取締役社長星光男は当社定款第○条の規定により議長となり、開会する旨を宣し、直ちに議事に入った。

第1号議案　取締役1名選任の件

　議長は、取締役崎岡円蔵が本総会の終結の時をもって辞任する旨表明しているため、後任取締役として当社○○部部長丁原四郎を選任したい旨を述べ、その選任の可否を議場に諮ったところ、満場異議なく議長の指名どおり選任することを承認可決した。

第2号議案　第三者割当による募集株式発行の件
　議長は、第三者割当による募集株式の発行を行いたい旨を説明し、下記事項を議場に諮ったところ、出席株主の議決権の3分の2以上の賛成を得て、本議案は原案どおり承認可決された。

記

1．募集株式の種類及び上限数　　普通株式2,000株
2．募集株式の払込金額の下限　　金1万円
3．その他の事項　　　　　　　　その他募集事項の決定は取締役会に委任する。

　議長は以上をもって本日の議事を終了した旨を述べ、午前10時30分閉会を宣した。
　上記議事の経過の要領及びその結果を明確にするために議長は本議事録を作成し、議長及び出席取締役の全員が記名押印する。

平成25年8月1日

株式会社星光商事　　臨時株主総会

　　　　　　　　　議　長　兼
　　　　　　　　　議事録作成者　　星　光男　　　㊞
　　　　　　　　　代表取締役社長

　　　　　　　　　出　席　取　締　役　　崎岡　円蔵　　㊞

　　　　　　　　　　　　同　　　　　　　井田　善治　　㊞

4 取締役会の議事録の作成手順をおさえよう

取締役会非設置会社においては取締役決定書を作成する

● 取締役会議事録の法定記載事項

　取締役会議事録は取締役会で検討された議事の経過や結果について記載するものです。主な法定記載事項は以下のとおりです（会社法施行規則101条3項）。

・取締役会の開催日時・場所
・取締役会の議事の経過の要領と結果（報告内容と決議事項）
・取締役会での決議を要する事項について、その事項に特別の利害関係がある取締役がいる場合にはその取締役の氏名
・出席した執行役・会計参与・会計監査人・株主の氏名や名称
・議長がいる場合、議長の氏名

　その他の記載事項として、①テレビ電話システムなどの通信機器を利用して取締役会に出席した役員がいる場合はその出席方法、②取締役会でなされた決議が特別取締役による決議であった場合にはその旨、③定款や内部規程などで招集権限を与えられている取締役以外の取締役によって、招集されたときはその旨、④監査役の請求によって招集されたときはその旨、などがあります。

　なお、特別取締役とは、迅速な意思決定を行うために定められた、重要な財産の処分や多額の借財の決定をする権限をもつ取締役のことです。特別取締役を置くためには、取締役会の構成員に社外取締役（過去に会社や子会社の取締役、会計参与、支配人、使用人などになったことがない取締役のこと）がいる必要があるなど、一定の要件があります。

　また、次に挙げる事項に関連する意見や発言があった場合には、その意見・発言の内容の概要も議事録に記載します。

① 取締役の意見・発言

競業取引（会社の事業と同様の業務について取締役や執行役が、自己又は第三者のために行う取引のこと）・利益相反取引（取締役や執行役が行う会社の利益を損なう可能性のある取引のこと）を行った取締役が発言した場合には、その内容

② 株主の意見・発言

取締役が違法行為を行う危険があることを理由に株主が取締役会の開催を請求した場合に、その株主が発言した場合には、その内容

③ 会計参与の意見・発言

各事業年度の計算書類・事業報告・付属明細書・臨時計算書類・連結計算書類（会計監査人設置会社の場合で監査役と会計監査人の監査を経たもの）の承認をする取締役会において、必要に応じて会計参与が発した意見・発言がある場合には、その内容

④ 監査役の意見・発言

取締役会に出席した監査役が必要に応じて発した意見・発言がある場合には、その内容

■ 取締役会議事録の主な記載事項

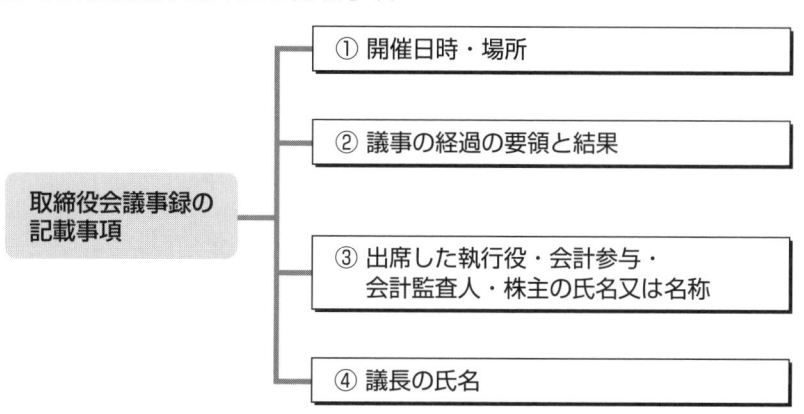

取締役会議事録の記載事項
- ① 開催日時・場所
- ② 議事の経過の要領と結果
- ③ 出席した執行役・会計参与・会計監査人・株主の氏名又は名称
- ④ 議長の氏名

● 取締役会の決議と賛成者の記載

　取締役会は、原則として各取締役が招集できますが、定款や取締役会で定めた内部規定（取締役会規則など）をもって特定の取締役だけが招集権限を有するようにすることも可能です。また、一定の場合には、株主や監査役の請求によって取締役会が開催されることもあります。

　取締役会では、重要な財産の処分や譲受け、多額の借財、重要な人事や組織の変更、内部統制システムの構築など会社の経営に関する重要な事項について決議をします（会社法362条）。取締役会の決議は、取締役会に参加できる取締役（決議する議案について特別な利害関係を有する取締役は決議に参加できません）の過半数が出席し、出席者の過半数の賛成を得ることによって成立します（定足数、決議要件共に過半数を上回る割合であれば、その会社ごとに定款で別段の定めをすることができます）。

　取締役会議事録には、「出席取締役の全員一致により」などと決議がきちんと成立したことがわかるような記載をするとよいでしょう。また、決議に反対する取締役がいた場合にはその旨を記録に残すため、「○○及び××を除く取締役全員の賛成により」などと記載するとよいでしょう。

● 取締役会非設置会社における取締役決定書

　取締役会非設置会社については、取締役会がないので取締役会議事録を作成することはありません。

　取締役会非設置会社の業務は、取締役が複数名いる場合、原則として取締役の過半数の一致（賛成）によって決定することとされています（会社法348条）。取締役の過半数の一致をもって、業務執行の決定をした場合は、これを証明する書類を作成すべきです。一般的には、「取締役決定書（決議書）」などの名称でこの書類を作成することが多いようです。

取締役決定書は、取締役会議事録と異なり、会社法で作成が義務付けられている書類ではありません。そのため、法定記載事項はありません。しかし、取締役の過半数の一致があったことを後日の証拠として残すためにも、取締役決定書の作成を慣例化させておくことが望ましいといえるでしょう。

　なお、取締役会非設置会社の登記申請の際には、取締役会議事録の添付に代え、取締役の過半数の一致があったことを証明する書類として、取締役決定書の添付が必要になることもあります。

● 取締役会決議の省略

　取締役会設置会社は、取締役が取締役会の決議の目的である事項について提案をした場合において、その提案につき取締役（議決に加わることができる取締役）の全員が書面又は電磁的記録により同意の意思表示をしたときは、その提案を可決する旨の取締役会決議があったものとみなすことができます（会社法370条）。ただし、取締役会に出席する義務がある業務監査権限を有する監査役が提案について異議を述べたときは認められません（監査役の権限については110ページで後述）。

　これは、機動的な会社の運営をするために認められた規定ですが、定款に取締役会の決議省略をすることができる旨の規定があることが条件となりますので、注意が必要です。株主総会の決議省略（58ページ。書式については67ページ）と同意義の規定です（株主総会の決議省略は定款に規定がなくても行うことができます）。

　業務を執行する取締役は3か月に1回以上、自分の職務の執行状況を取締役会に報告する必要がありますが、この報告は実際に開催した取締役会でする必要がありますので、その点も注意してください。

● 具体的な記載方法について

　書式2は一般的な取締役会議事録の書式例です。62ページの取締役会議事録と比べると様式が異なりますが、どちらの様式も法定記載事項が記載されていますので問題ありません。会社の実情に応じて、使用しやすい書式を参考にしてください。

　取締役会議事録については、出席取締役、出席監査役の全員が署名又は記名押印をする必要があります。ただし、株主総会議事録と同様、代表取締役については、会社代表印（42ページ）を押印し、その他の出席役員の押印は認印でもかまわないとするのが一般的です。なお、書式2の第3号議案については、6章で取り上げる書式を参照してください。

　また、書式3は取締役決定書の書式例です。表題は「取締役決議書」「取締役の過半数の一致を証する書面」などでも構いません。また、代表取締役の選定だけをする場合は「代表取締役の互選書」などでもかまいません。

　なお、書式3の取締役決定書では、定款の規定に基づく代表取締役の選定をしていますが、代表取締役の選定は登記事項ですので、本取締役決定書が、登記申請する際の添付書類となります。

　書式4から書式6は取締役会の決議省略を行った場合の、取締役会議事録例、提案書例、同意書例です。本書式を使用して取締役会決議があったとみなされるためには、定款の規定が必要になりますので注意してください。

　なお、書式4から書式6では、定款の変更を伴わない本店移転を決議していますが、書式4の取締役会議事録は本店移転登記をする際の添付書類となります。

書式2 一般的な取締役会議事録例

取締役会議事録

　平成25年8月1日午前10時45分より、東京都××区××五丁目2番1号○○ビル8階の本店第2会議室において取締役会を開催した。
出席取締役及び出席監査役
代表取締役社長 星光男、専務取締役 井田善治、取締役 丁原四郎
（当社取締役総数　3名中3名出席）
監査役 村田一郎（当社監査役総数1名中1名出席）

　上記のとおり、取締役全員の出席があったので、本取締役会は適法に成立した。当社定款第○条の規定により代表取締役社長星光男は議長となり、開会を宣すると共に直ちに議事に入った。

〔決議事項〕
第1号議案　役付取締役選定の件
　議長は、本日開催の臨時株主総会により丁原四郎が取締役として選任されたことに伴い、当社定款第○条の規定に基づき、井田善治を専務取締役から取締役副社長に、丁原四郎を専務取締役に選定したい旨を提案し、議場に諮ったところ、出席取締役は全員一致をもってこれを承認可決した。被選定者である井田善治及び丁原四郎は席上、その就任を承諾した。
第2号議案　株主総会及び取締役会の招集権者・議長の代行順位決定の件
　議長は、当社定款第○条及び第○条に規定する代表取締役社長に差し支えがあるときの株主総会及び取締役会の招集者・議長の代行順位を下記のとおりとしたい旨を提案し、議場に諮ったところ、出席取締役は全員一致をもって議長の提案どおり可決確定した。

記

　　　代行順位1位　　取締役副社長　　井田　善治
　　　同　　　2位　　専務取締役　　　丁原　四郎

第3号議案　第三者割当による募集株式発行の件
　議長は、本日開催の臨時株主総会の第3号議案の決議に基づき、下記の要領で募集株式を発行し増資を行いたい旨を提案し、議場に諮ったところ、出席取締役は全員異議なく原案どおり承認可決した。

記

〈以下、募集事項の詳細について省略〉

〔報告事項〕
1．代表取締役社長星光男から職務執行の状況報告
　　代表取締役社長星光男は別紙報告書（参考資料1）のとおり自己の職務執行の状況について報告した。
2．取締役副社長井田善治からの職務執行の状況報告
　　取締役副社長井田善治は別紙報告書（参考資料2）のとおり自己の職務執行の状況について報告した。

　議長は、以上をもって、全議案の審議及び報告を終了した旨を述べ、午前11時30分閉会した。
　上記議事の経過並びに決議及び報告の内容を明確にするため、本議事録を作成し、議長及び出席取締役並びに出席監査役はこれに記名押印する。

平成25年8月1日

　　株式会社星光商事　　取締役会

　　　　　　議　　　　長
　　　　　　代表取締役社長　　　星　光男　㊞
　　　　　　取締役副社長　　　　井田　善治　㊞
　　　　　　専務取締役　　　　　丁原　四郎　㊞
　　　　　　出席監査役　　　　　村田　一郎　㊞

| 書式3 | 取締役決定書例 |

取締役決定書

1．日　　時　　平成25年5月27日　午後5時00分～午後5時30分

1．場　　所　　東京都××区××五丁目2番1号　当社本店会議室

1．出席取締役　星光男、井田善治、丁原四郎
　　　　　　　（当会社取締役3名中3名出席）

1．決定事項　　上記取締役3名全員は、全員一致により以下の事項を決定した。

(1)　代表取締役選定の件

　　代表取締役星光男が、本日開催の第〇回定時株主総会終結の時をもって取締役の任期満了となり、改選によって取締役に再選重任したことに伴い、当社定款第〇条第〇項の規定に基づき、改めて代表取締役に星光男を選定する。

　　なお、被選定者である星光男は席上代表取締役に就任することを承諾した。

(2)　役付取締役選定の件

　　本日開催の第〇回定時株主総会によって取締役全員が改選されたことに伴い、当社定款第〇条第〇項の規定に基づき、改めて下記のとおり役付取締役を選定する。

記
　　代表取締役社長　　星　光男
　　取締役副社長　　　井田　善治
　　専務取締役　　　　丁原　四郎

なお、被選定者は席上その就任を承諾した。

(3) 株主総会の招集権者及び議長の代行順序決定の件
　　当社定款第○条に規定する株主総会の招集権者及び議長の代行順序は下記のとおりとする。
記
　　第一　取締役副社長　　井田　善治
　　第二　専務取締役　　　丁原　四郎

上記決定を証するため、本書を作成し、取締役全員が記名押印する。

平成25年5月27日

　　株式会社星光商事　　取締役決定書

　　　　　　代表取締役社長　　星　光男　

　　　　　　取締役副社長　　　井田　善治　㊞

　　　　　　専務取締役　　　　丁原　四郎　㊞

書式4 取締役会議事録例（取締役会の決議を省略する場合）

取締役会議事録

　　　当社取締役総数　　　　　　　　　　3名
　　　議決に加わることができる取締役数　　3名
　　　当社監査役総数　　　　　　　　　　1名

1．取締役会の決議があったとみなされた事項（付議事項）
　本店移転の件
　　　当社定款第〇条に基づき本店を下記のとおり移転する。

記

　本店所在地：〒〇〇〇－〇〇〇〇
　　　　　　　東京都××区××七丁目8番9号
　本店移転日（業務開始日）：平成25年7月31日

以上

1．上記提案をした取締役の氏名
　　代表取締役　星光男

1．取締役会の決議があったとみなされた日
　　平成25年7月7日

　代表取締役星光男より、取締役会の付議事項として提案があった上記事項につき、会社法第370条及び定款第〇条の規定に基づき、議決に加わることができる取締役の全員が書面により同意の意思表示を行い、異議を述べた監査役もいなかったため、平成25年7月7日をもって、当該提案を可決する旨の決議があったものとみなす。

1．議事録作成に係る職務を行った取締役の氏名
　　代表取締役　星　光男　㊞

第1章　議事録と登記の基礎知識

書式5　取締役会決議省略のための提案書例

取締役会におけるご提案

平成25年7月1日

株式会社星光商事　取締役　各位

東京都××区××五丁目2番1号
株式会社　星光商事
代表取締役社長　星　光男

拝啓　ますますご清栄のこととお喜び申し上げます。
　さて、会社法第370条及び定款第○条に基づき、下記付議事項をご提案申し上げます。
　同意される方は、別紙の同意書に署名又は記名押印の上、平成25年7月6日までにご提出いただきますようお願い申し上げます。
　なお、平成25年7月6日までに議決に加わることのできる取締役会員のご同意が得られた場合には平成25年7月7日付けをもって下記付議事項を可決する旨の取締役会の決議があったものとみなされますことをあわせて申し添えます。

敬具

記

（付議事項）
1．本店移転の件
　当会社定款第○条に基づき本店を次のとおり移転する。

　本店所在地：〒○○○－○○○○
　　　　　　　東京都××区××七丁目8番9号
　本店移転日（業務開始日）：平成25年7月31日

書式6　取締役会決議省略のための同意書例

同　意　書

株式会社星光商事
代表取締役　星　光男　殿

　私は、会社法第370条及び定款第○条に基づき、貴殿より平成25年7月1日付「取締役会におけるご提案」に基づき提案された下記付議事項について異義なく同意いたします。

記

（付議事項）
1．本店移転の件
　　当会社定款第○条に基づき本店を次のとおり移転する。

　　本店所在地：〒○○○－○○○○
　　　　　　　　東京都××区××七丁目8番9号
　　本店移転日（業務開始日）：平成25年7月31日

以上

　　　　平成25年7月3日
　　　　　　株式会社星光商事　取締役　崎岡　円蔵　㊞

5 監査役会の議事録の作成手順をおさえよう

取締役の不正行為に関する意見などを記載する

● 監査役会議事録の法定記載事項

　大会社（非公開会社、委員会設置会社を除く）には、会計監査人に加え、監査役会の設置が義務付けられています。

　監査役会は、各監査役が招集することができ、監査役会を招集するには、各監査役に対して、原則、監査役会の1週間前に招集通知を発送する必要があります。監査役会を開催した場合には、監査役会議事録を作成する必要がありますが、監査役会議事録に記載しなければならない事項は、会社法施行規則109条3項で具体的に定められています。

　主な法定記載事項は以下のとおりです。
・監査役会の開催日時・場所（テレビ電話システムなどの通信機器を利用して監査役会に出席した役員がいる場合はその出席方法）
・監査役会の議事の経過の要領と結果（報告内容と決議事項）
・会社に著しい損害を及ぼすおそれのある事実があることを発見したことに関する意見や発言、取締役の職務執行に関して不正な行為や法令・定款に違反する重大な事実があることを発見したことに関する意見や発言がなされた場合、その内容の概要
・監査役会に出席した取締役・会計参与・会計監査人の氏名や名称
・議長がいる場合、議長の氏名

　また、取締役・監査役・会計参与・会計監査人が監査役全員に対して監査役会に報告しなければならない内容を通知した場合には、その内容を監査役会に報告する必要はありません。ただ、この場合、次の事項を監査役会議事録に記載します。
・監査役会への報告が不要であるとされた事項の内容

・監査役会への報告が不要であるとされた日
・議事録の作成についての職務を行った監査役の氏名

● 監査役会の構成と決議

監査役会は、3人以上の監査役で構成されるものですが、そのうち半数以上は社外監査役（過去に会社や子会社の取締役、会計参与、支配人、使用人などになったことがない監査役）でなければなりません。

また、監査役会は監査役の中から1名以上の常勤監査役を選定しなければなりません（社外監査役が常勤監査役であっても問題ありません）。

監査役会の決議は監査役の過半数の賛成で成立します。

● 具体的な記載方法について

書式7は一般的な監査役会議事録の書式例です。監査役会議事録についても、前述した法定記載事項さえ記載してあれば、その様式は問いません。会社の実情に応じて、書式7を参考に議事録を作成してください。

また、監査役会議事録の議案例については3章以下にも記載されていますので、参照してください。

なお、書式7の監査役会議事録は仮会計監査人（会計監査人が辞任した場合などに、株主総会開催まで、一時的に会計監査人の職務を行う者のことで、監査役会で選任することができます）の選任をしていますが、仮会計監査人の就任は登記する必要があります。したがって登記の際は、この監査役会議事録が添付書類となります。

書式7 一般的な監査役会議事録例

監査役会議事録

1．開催日時
　　平成25年7月8日（月曜日）午後5時00分
2．開催場所
　　東京都××区××五丁目2番1号　当社本店会議室
3．出席者
　　出席監査役　村田一郎（常勤監査役）、田中次郎（社外監査役）、
　　　　　　　　鈴木三郎（社外監査役）、佐藤四郎（社外監査役）、
　　監査役総数5名中4名出席（常勤監査役阿部五郎欠席）
　　なお、社外監査役佐藤四郎は、東京都○○区○○一丁目2番3号○○会計事務所より、テレビ電話会議により出席。
　　議事に先立って、テレビ電話会議システムは、出席者の音声が即時に他の出席者に伝わり、適時適格な意思表示が互いにできる仕組みとなっていることが確認された。
4．監査役会の議長
　　常勤監査役　村田一郎
5．議事の経過の要領及びその結果

第1号議案　常勤監査役解職の件
　議長は、常勤監査役村田一郎が新たに○○株式会社の監査役に就任したため、当社の常勤監査役の職務に専念できなくなった旨を説明し、村田一郎の常勤監査役の職を解職したい旨を提案した。
　ついで、議長が本議案の可否を議場に諮ったところ、出席監査役は全員異議なく原案どおり承認可決した。

第2号議案　常勤監査役選定の件
　議長は、前号議案において常勤監査役村田一郎を解職したため、後任の常勤監査役を選定したい旨を述べ、議場に諮ったところ、監査役田中次郎から監査役鈴木三郎を常勤監査役に選任したい旨の提案があった。

ついで、議長がその提案の可否を議場に諮ったところ、出席監査役は全員異議なくこれを承認可決した。
なお、監査役鈴木三郎は、席上常勤監査役に就任することを承諾した。

第3号議案　仮会計監査人選任の件
議長は、会計監査人○○監査法人との契約が平成25年7月31日に解消されるため、同日より、下記の有限責任監査法人ＡＢＣを一時会計監査人の職務を行うべき仮会計監査人に選任したい旨を提案し、議場に諮ったところ、出席監査役は全員異議なくこれを承認可決した。

記

法人名称：有限責任監査法人ＡＢＣ
主たる事務所の所在地：東京都××区××五丁目5番5号○○ビル
　　　　　　　　　　　5階

以上をもって本日の議事をすべて終了したので、議長は午後5時30分閉会を宣した。

上記の議事の経過及び結果を明確にするため、この議事録を作成し、出席監査役全員がこれに記名押印する。

　平成25年7月8日
　　　株式会社星光商事　監査役会
　　　　　　　　議長　出席監査役
　　　　　　　　　　　常勤監査役　　村田　一郎　㊞

　　　　　　　　　　　出席監査役
　　　　　　　　　　　社外監査役　　田中　次郎　㊞

　　　　　　　　　　　　同　　　　　鈴木　三郎　㊞

　　　　　　　　　　　　同　　　　　佐藤　四郎　㊞

6 押印方法について知っておこう

契印や訂正印は議事録作成において重要な役割を果たす

● 会社で使う印鑑の種類

　議事録の作成や登記申請をする場合などに重要になるのが印鑑の知識です。押印により、押印した文書が押印した者の意思に基づいて作成されたことを証明することになります。重要書類については、第三者による改ざんを防ぐために印鑑に対する知識が必要です。

　個人が市役所・区役所などに実印の登録ができるように、会社の代表者も管轄登記所に印鑑を届け出ることが可能です。一般に登記所に届け出た印鑑を**会社実印**、**会社届出印**、**会社代表印**などといいます（本書では、「会社代表印」で統一します）。丸印（丸い印鑑）を届け出るのが一般的です。登記申請をする際や不動産の売買など重要な取引をする際に会社代表印の押印が求められます。

　一方、会社代表印以外の印鑑は一般的に認印と呼ばれ区別されます。会社代表印を押印するのは抵抗があるという場合は、数種類の印鑑をケースに応じて使い分けをするとよいでしょう。その他にも、会社の銀行口座を作るときに銀行に届け出る銀行印、役員などの役職にある者が職務上使用する役職印、社会保険関係の手続きの際に使用する社会保険印、領収書や請求書に押印するときに用いられる角印など、会社では用途によって印鑑を使い分けるのが一般的です。

① 訂正印

　印鑑は、通常署名や記名の後ろや下に押されるものですが、特殊な使い方がされることもあります。「訂正印」「捨印」「契印」「割印」「消印」と呼ばれる押印方法です。「訂正印」は、文書に記載された文字を訂正するときに用います。文書を作成した当事者自らの手により訂正されているということを証明するために押印されるものです。

押印されている文書を訂正するときは、まず訂正する文字に線を引き削除します。次に、一般的に縦書きの場合はその右に、横書きの場合はその上に正しい文字を書き加えます。そして、線を引き削除した部分に直接当事者全員が押印します。この際、なるべく削除した線に重なるように押印するようにしましょう。また、欄外に「2字削除、1字加入」などと記入して、訂正部分に合意するという意味で、文書に押印する当事者全員の訂正印を押印するという方法でも問題ありません。

　議事録においても、記載に誤りがあった場合、横線をもって訂正し、訂正箇所に当事者全員が押印するか、訂正箇所のあるページの上部又は下部の欄外余白に訂正印を押印して「2字削除、1字加入」などと記載します。訂正印は、その書類に押印する者すべての押印が必要になる点で注意が必要です。たとえば、取締役会議事録の記載の修正については、代表取締役以外にも出席取締役がいる場合には、その他の取締役も全員押印することが必要です。

② 捨印

　作成し、押印した文書に事前に訂正印を押印しておくことを一般的に捨印といいます。通常、押印後に文書の中の文字を訂正する必要が出てきたときのために、文字を訂正してもよいという許可を前もって出しておく場合に使用されます。文書に押印した当事者全員で文書の欄外に捨印を押印しておくことで、後に文書の訂正ができるようになります。登記申請に使用する議事録などに捨印を押印しておくと、語句の訂正があったときに便利ですが、第三者に文書の内容を改変されてしまうおそれもありますので、注意が必要です。安易な捨印の押印は後日の争いの元になる可能性もありますので、重要な契約書などにはなるべく捨印を押さないようにするべきです。

　なお、契約書などにおいて、文書の重要部分（たとえば、売買契約書における売買代金など）に訂正を加える際は、後のトラブルを防ぐ

ためにも安易に捨印で訂正をしないで、訂正箇所に直接訂正印を押印するのが望ましいでしょう。

③ 契印

　作成した文書が複数のページからできているような場合において、すべてが一体の文書であることを証明するためや作成後の不正なページの差換え・改ざんを防止する目的で、綴じ目をまたいで当事者全員が押印をすることを契印といいます。一般的には「割印」とも呼ばれますが、本書では後述する「割印」と区別して説明します。

　契印の方法として以下の2通りの方法を紹介します。

・**各ページの綴り目に契印を押印する方法**

　複数枚をホチキスで止め、各ページの綴り目にまたがるように、文書に押印すべき当事者全員で押印します。こうすることでたとえば、議事録の1枚目だけを不正に差し換えられることを防止できます。

・**袋綴じをして、のりづけ部分に契印を押印する方法**

　複数枚をホチキスで止めた後、背の部分を別紙でつつんでのりづけします（これを一般に製本といいます）。そして、のりづけの境目に文書に押印すべき当事者全員で押印をします。製本されたすべてのページに契印を押印したことと同様の効果が得られますので文書のページ数が多い場合などに便利です。

④ 割印

　契約書の正本と副本を作成するとき、又は同じ契約書を2通以上作成して、複数人数でそれぞれ1通ずつ保管しておくような場合は、割印を用います。割印とは、2通の契約書の両方にまたがるように印鑑を押印することです。割印をすることで、契約書が同一のものであるか何らかの関連性があることが明らかになります。また、2通以上の契約書に割印が押されていると、それらが同時に作成されていることも推定されます。文書の偽造・変造を防ぐという意味で、割印は効果的な方法です。

割印では、契約書を下図のように重ねて当事者全員の印で押印をするのが一般的です。なお、割印は、実務上、必ずしも文書に押印した印鑑でなくてもよいとされています。

⑤　消印

契約書に貼付された印紙と契約書面とにまたがって押印することを

■ 契約印の押し方

①訂正印

誤った文字の上に線を引き、削除し、正しい文字を記入する場合

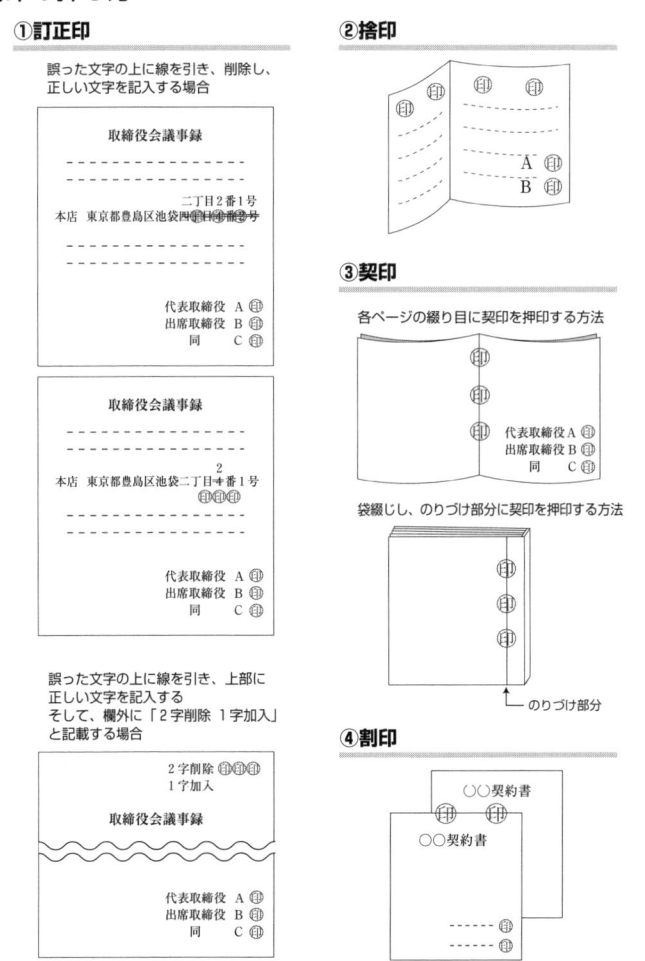

誤った文字の上に線を引き、上部に正しい文字を記入する
そして、欄外に「2字削除　1字加入」と記載する場合

②捨印

③契印

各ページの綴り目に契印を押印する方法

袋綴じし、のりづけ部分に契印を押印する方法

④割印

一般に消印といいます。契約書が印紙税法上の課税文書である場合、当事者は納税のため、契約書に所定額の収入印紙を貼付して、消印をするのが一般的です。なお、消印は必ずしも文書に押印した印鑑でなくてもよいとされていますが、慣例として文書に押印した印鑑を使用するのが通常です。

● 会社の印鑑証明書の取得方法

会社も登記所に届け出ている印鑑について、印鑑証明書の交付を受けることができます。印鑑証明書の交付を受けるためには**印鑑カード**が必要です。印鑑カードは会社の本店所在地を管轄する登記所（法務局）で交付を受けることができます。印鑑カードさえあれば、管轄登記所以外の登記所でも、印鑑証明書交付申請書に必要事項を記入して印鑑カードと一緒に提出することで印鑑証明書の取得が可能です。印鑑証明書の取得に必要な手数料は1通450円で、収入印紙を交付申請書に貼付して納付します。「印鑑カード交付申請書」「印鑑証明書交付申請書」はいずれも各登記所に備え付けられています。なお、印鑑証明書は印鑑カードを持参すれば、代理人でも取得することが可能です。

● 会社代表印・印鑑カードの紛失や盗難被害に遭った場合の手続き

会社代表印・印鑑カードの紛失や盗難被害に遭った場合は、悪用されるおそれがありますので、直ちに管轄登記所に「廃止届」を提出し、会社代表印を無効にする、印鑑証明書を取得できなくするなどの措置をとるべきでしょう。「印鑑・印鑑カード廃止届書」は各法務局に備え付けられています。「廃止届書」には会社代表印を押印する必要がありますが、会社代表印を押印できない場合は代表取締役などの個人実印の押印及び個人実印の印鑑証明書の添付が必要になりますので注意してください。

7 商業登記の申請手続きについて知っておこう

会社の重要事項に変更が生じた場合には登記申請を行う

● 商業登記とは

　登記とは不動産に関する権利関係や会社の重要事項などについて、登記所（法務局）という国の機関に備え付けられている登記簿に登載して公示することをいいます。会社に関する登記を商業登記といいます。株式会社において登記をしなくてはならない事項は、会社法等の法令で定められています（会社法911条3項、商業登記規則別表5）。

　登記されている事項に変更があった場合や、新たに登記すべき事項が発生した場合には、実体と登記を一致させるために、管轄登記所に登記の申請をする必要があります。たとえば、会社の商号（社名）、本店所在地（住所）、取締役（代表取締役）などを変更した場合には、その登記をします。

　一方、発行した社債の金額や取締役の報酬といった事項については、登記事項とはされていないため、社債を発行したり、取締役の報酬額を変更したとしてもその登記は不要です。

　主な登記事項は52ページのとおりです。株主総会や取締役会などで決議を行った後は、「登記事項に変更がないか」、「新たな登記事項が発生していないか」をきちんと把握し、登記申請を忘れないようにしましょう。

● 登記申請の流れ

　登記申請の方法は大きく分けると、オンラインで申請をする方法と、書面で作成した登記申請書を郵送又は出頭することによって、登記所に提出する方法があります。本書では、書面で作成した登記申請書を登記所に提出することを前提に紹介します。3章以下の登記申請書例

も書面で登記申請することを前提に紹介しています。

　登記を申請するには、まず、登記申請書を作成しなければなりません。登記申請書には、記入漏れのないよう正確に記入するようにしてください。また、登記申請書には、原則として、その登記内容を証明するために必要な書類（添付書類）を添えて提出する必要があります。

　たとえば、取締役の変更の登記の場合は、取締役が選任されたことを証明する株主総会議事録などが添付書類となります。なお、登記をするためには登録免許税を納付する必要があります。登録免許税は現金で納付することもできますが、登記申請する際に収入印紙をもって納付するのが一般的です。

　登記申請書、添付書類の準備ができたら、管轄の登記所へ行くか、郵送により登記申請します。管轄は会社の本店所在地によって決定します。登記所へ行った場合は、商業登記の申請窓口に登記申請書、添付書類を提出します。登記申請をしたら、登記完了予定日の確認をしましょう。提出した登記申請書や添付書類などに不備があったような場合は、登記所から連絡（電話）がありますが、連絡がなかった場合は原則としてこの登記完了予定日に登記が完了します。登記完了予定日が到来したら、登記事項証明書などを取得し、申請した登記が間違いなくされているかどうかの確認をしましょう。

● 登記の申請期間について

　登記の申請期間は会社法で定められています。現在登記されている事項に変更が生じた場合の登記（変更登記）の申請期間は、原則として変更が生じた日から2週間以内です（会社法915条）。申請期間内に登記申請をしなかった場合であっても、登記申請は受理されますが、登記を懈怠してしまった（申請期間内に登記をしなかった）場合には会社法に基づいて過料（刑罰とは異なる金銭を徴収する制裁のこと）を科せられてしまうことがありますので（会社法976条）、注意が必要

です。

● 株式会社の役員選任登記の申請方法

　では、株式会社の役員選任の登記を例にあげて、登記申請書の概要を確認しましょう（登記申請書、添付書類の書式については3章を参照してください）。

　登記申請書では、どのような理由で登記をするのかを記載する「登記の事由」と、どのような内容の登記をするのかを記載する「登記すべき事項」の部分が特に重要になります。株式会社の役員選任をしたときの登記申請の場合には、「登記の事由」として役員を選任した旨を記載します。また、「登記すべき事項」は「別添CD-Rのとおり」又は「別紙のとおり」と記載した上で、登記すべき内容を記録したCD-Rなどの磁気ディスク又はOCR用紙（登記所に備え付けられています）を提出します。

● 登記申請書のとじ方

　次に登記申請書のとじ方について確認しましょう。登記申請書は51ページの図のように、①登記申請書、②登録免許税納付用台紙、③添付書類の順にホチキスで左綴じにするのが一般的です。登録免許税納付台紙には収入印紙を貼り付けます（現金で納付した場合はその領収書を貼り付けます）。登録免許税納付用台紙は必ずしも必要というわけではなく、登記申請書のスペースに余白がある場合には、その余白に収入印紙を貼付してもかまいません。

　登記申請書には登記申請人が会社代表印を押印する必要があります。登記申請書が2枚以上になった場合は、各ページの綴り目にそれぞれ契印が必要です。また、登記申請書と登録免許税納付用台紙の綴り目にも会社代表印で契印をする必要があります。

　「OCR用紙」又は「印鑑届書」は添付書類とはなりませんので、登

記申請書にホチキスどめをせず、クリップなどでとめて同時に提出するだけでかまいません。

● **添付書類の原本還付手続**

　添付書類は原本を提出することもできますが、議事録や役員の就任承諾書などの会社で保管すべき重要な書類は、その原本の還付を受けることが可能です。原本還付手続きをする場合は、登記申請書には議事録などのコピーをホチキスどめし、このコピーに「原本の写しに相違ありません。株式会社○○代表取締役○○」と記載し、会社代表印を押印し、登記所に提出します。登記申請時に原本の還付を受けるためには、登記申請をする際に、登記申請窓口の担当者にコピーと原本が間違いなく同一であることを確認してもらってから登記申請をする必要がありますので注意してください。

● **申請後に不備があれば補正をする**

　登記申請は受け付けられた後、登記官によってその内容が調査されます。登記申請書や添付書類に不備が見つかった場合には、その不備を訂正（補正といいます）するように求められます。補正があった場合、登記所から登記申請書に記載してある電話番号に電話がありますので、電話があった場合には補正の内容を確認し、必要なもの（会社代表印など）を持参し、登記所に補正に行くようにしましょう。登記所に行った後は、担当官から指示を受け正確に補正をします。添付書類の添付漏れなど、補正の内容によっては、登記所に行かなくても補正できることもありますので、事前に補正の内容を確認するとよいでしょう。なお、補正できない誤りがある場合などは、登記申請を取り下げたり、登記官に登記申請が却下されることもありますので、登記申請をする前に必ず登記申請書、添付書類の内容をしっかり確認するようにしましょう。

■ 変更登記についての登記申請書のとじ方（原本還付する場合）……

下のようにⒶ、Ⓑ、Ⓒ、Ⓓグループに分類し、順番にそろえる。

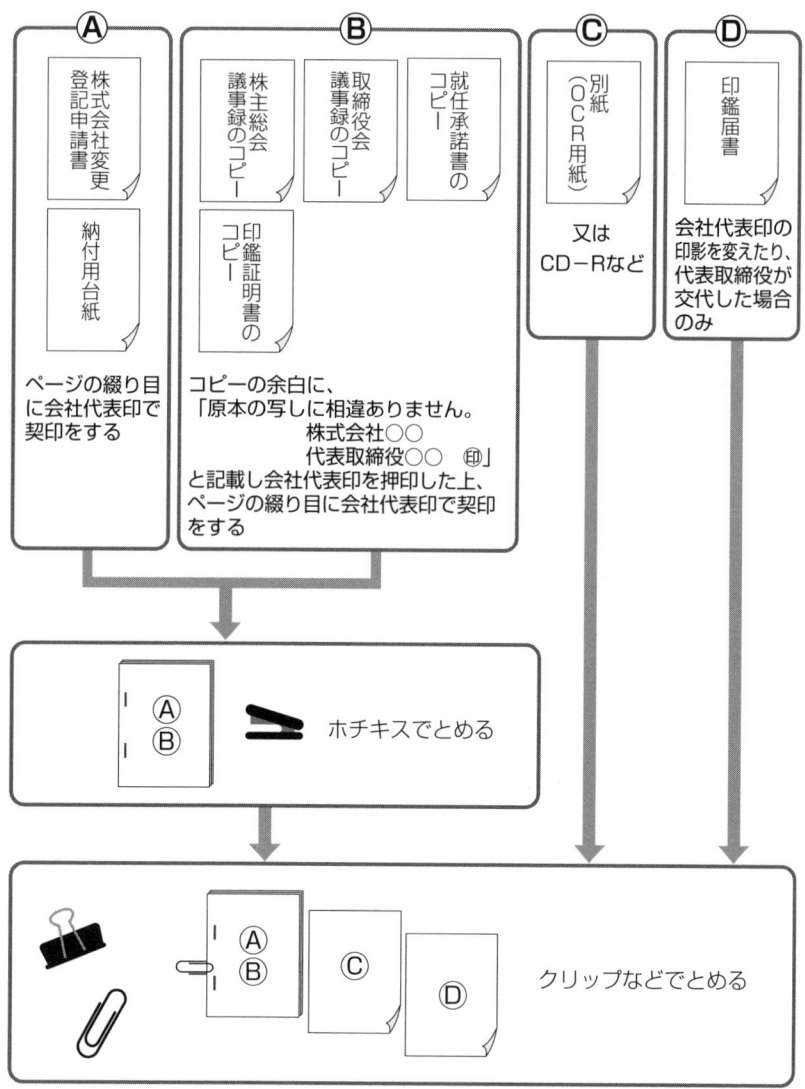

Ⓐ
- 株式会社変更登記申請書
- 納付用台紙

ページの綴り目に会社代表印で契印をする

Ⓑ
- 株主総会議事録のコピー
- 取締役会議事録のコピー
- 就任承諾書のコピー
- 印鑑証明書のコピー

コピーの余白に、
「原本の写しに相違ありません。
　　　株式会社○○
　　　代表取締役○○　㊞」
と記載し会社代表印を押印した上、ページの綴り目に会社代表印で契印をする

Ⓒ
- 別紙（OCR用紙）

又はCD-Rなど

Ⓓ
- 印鑑届書

会社代表印の印影を変えたり、代表取締役が交代した場合のみ

Ⓐ・Ⓑ → ホチキスでとめる

Ⓐ・Ⓑ・Ⓒ・Ⓓ → クリップなどでとめる

※ 変更登記の内容によって添付書類の種類は変わってきます。また、添付書類のうち、原本を提出してもかまわないものは、原本をそのままホチキスでとめて添付します。また、印鑑届書は不要なケースもあります。

第1章　議事録と登記の基礎知識

■ 株式会社の登記事項の概要

① 目的
② 商号
③ 本店・支店の所在場所
④ 株式会社の存続期間と解散の事由について定款に定めているときは、その定め
⑤ 資本金の額
⑥ 発行可能株式総数
⑦ 発行する株式の内容
⑧ 単元株式数についての定款の定めがあるときは、その単元株式数
⑨ 発行済株式の総数とその種類、種類ごとの数
⑩ 株券発行会社であるときは、その旨
⑪ 株主名簿管理人を置いたときは、その氏名(名称)と住所、営業所
⑫ 新株予約権に関する事項
⑬ 取締役の氏名
⑭ 代表取締役の氏名及び住所(委員会設置会社の場合を除く)
⑮ 取締役会設置会社であるときは、その旨
⑯ 会計参与設置会社であるときは、その旨、会計参与の氏名(名称)と計算書類などの備置場所
⑰ 監査役設置会社であるときは、その旨、監査役の氏名
⑱ 監査役会設置会社であるときは、その旨、監査役のうち社外監査役であるものについて社外監査役である旨
⑲ 会計監査人設置会社であるときは、その旨、会計監査人の氏名(名称)
⑳ 一時会計監査人の職務を行うべき者を置いたときは、その氏名(名称)
㉑ 特別取締役による議決の定めがあるときは、その旨、特別取締役の氏名、取締役のうち社外取締役であるものについて、社外取締役である旨
㉒ 委員会設置会社であるときは、その旨、取締役のうち社外取締役である者について、社外取締役である旨、各委員会の委員及び執行役の氏名、代表執行役の氏名及び住所
㉓ 取締役、会計参与、監査役、執行役又は会計監査人の責任の免除についての定款の定めがあるときは、その定め
㉔ 社外取締役、会計参与、社外監査役又は会計監査人が負う責任の限度に関する契約の締結についての定款の定めがあるときは、その定め
㉕ ㉔についての定款の定めが社外取締役、社外監査役に関するときは、取締役・監査役のうち社外取締役・社外監査役である者について、社外取締役、社外監査役である旨
㉖ 貸借対照表の公告をホームページなどで行うときはそのＵＲＬ
㉗ 公告方法に関する事項
㉘ 電子公告に関する事項

第2章

株主総会の招集に関する議事録

1 株主総会の招集についての法律知識

株主総会の開催には招集手続が必要になる

● 株主総会の招集手続き

　株主総会を開催するためには、原則として、株主に対し招集通知を発送する必要があります。株主に株主総会に出席する機会と準備の時間を与えるためです。株主総会の招集は原則として、取締役会（取締役会非設置会社の場合は取締役の過半数の決定）で決議し、代表取締役が招集するのが通常です。

　招集通知の発送期限は、書面投票制度を採用した場合（株主総会に出席しない株主が書面又は電磁的方法によって議決権を行使することができると定めた場合）を除き、公開会社の場合は株主総会の2週間前、非公開会社の場合は1週間前までです。取締役会非設置会社については定款によって1週間を下回る期間とすることも可能です。

　招集通知は書面投票制度を採用する会社のうち、取締役会設置会社の場合は書面によって作成する必要があります。ただし、株主の承諾があった場合には書面の発送に代えて電磁的方法（電子メールなど）により招集通知を発送することができます。なお、取締役会非設置会社の場合は、書面ではなく口頭や電話によって招集をすることが可能とされています。

　また、取締役会設置会社、取締役会非設置会社共に、議決権を行使することができる株主全員の同意が得られたときは、招集手続きを省略したり、招集期間を短縮することも可能であるとされています。

　ただし、株主総会に出席できない株主がいる場合や、株主間で争いがある場合などにおいては、招集手続きを省略したり、招集期間を短縮するときには株主に同意書をもらう、取締役会非設置会社でも後日の証拠となるように書面をもって招集通知を送付するなど、株主総会

の招集には注意を払うべきであるといえるでしょう。

● どの時点の株主に招集通知を発送すればよいのか

　招集通知は、原則として株主名簿に記載又は記録された株主を株主総会において議決権を行使することができる者として、その者に対して送付すればよいとされています。株主構成がそれほど変化しない非公開会社や、株主が１名ないし数名で、会社が常に株主を把握できている小規模な会社の場合はあまり問題となりませんが、株式が転々流通する可能性のある公開会社の場合は、いつの時点の株主名簿に記載された株主に対して送付する必要があるかが問題となります。会社法は、一定の日（基準日）を会社が定め、その一定の日に株主名簿に記載された株主に対して招集通知を送付すればよいとしています（会社法124条。この基準日は後述する株主割当による株式分割（164ページ）や募集株式の発行（180ページ）のときにも定める必要がでてきます）。招集通知を送るべき株主を早期に確定しないと会社の事務処理に支障が生じてしまうおそれがあるからです。基準日を定めるときは、会社法上、基準日の２週間前までに定款で定めた方法により公告をする必要があります。ただし、定款に基準日に関する規定がある場合は基準日の公告は不要です。定時株主総会の基準日については、定款に基準日の規定を設けているのが一般的ですが、臨時株主総会を開催する場合は、公開会社・非公開会社を問わず、会社法上、基準日の設定と公告が必要になるという点に注意してください。もっとも、基準日の制度は会社のための制度ですので、基準日以降に株主となった者を株主総会において議決権を行使することができる株主として取り扱うことは、基準日株主の権利を害さない限り問題ありません。

● 株主総会終結後の手続き

　株主総会終結後は、株主総会議事録の作成の他、一般的に次のよう

な手続きが必要になります。

① 取締役会の開催・取締役会議事録の作成

定時株主総会において、取締役の任期が満了し、取締役の改選が行われた場合は、株主総会開催後遅滞なく取締役会を開催し、代表取締役の選定決議をする必要があります。役員の変更については3章で後述しますが、代表取締役である取締役が定時株主総会で再選された場合であっても、一度任期が満了した以上は、代表取締役の選定決議が必要になりますので注意しましょう。また、役員報酬については4章で後述しますが、役員構成の変更に伴い役員報酬を改定する場合や、退任した役員に対する退職慰労金を支給する場合など、必要に応じて取締役会を開催し、決議をします。そして、取締役会終了後には、取締役会議事録を作成する必要があります。

② 登記

株主総会、株主総会開催後の取締役会の決議によって、登記事項に変更が生じた場合には、原則として、変更が生じた日より2週間以内に登記申請をする必要があります（会社法915条）。

会計監査人設置会社の場合は、会計監査人の任期が1年であるため、毎年、定時株主総会後に登記申請が必要になりますので注意してください。

③ 決算公告

会社に対する債権者の保護のため、会社は原則として、定時株主総会の終結後遅滞なく、貸借対照表を公告する必要があります（会社法440条1項）。大会社（14ページ）の場合は、貸借対照表に加え、損益計算書も公告する必要があります。公告方法は定款で定められている方法でする必要があり、官報又は日刊新聞を公告方法と規定している会社は貸借対照表の要旨を掲載すれば足りるとされています。

2 株主総会招集に関する書類作成の注意点

株主総会の招集には取締役会の決議・招集手続きが必要になる

● 株主総会招集通知例（書式1）

　書式1は、書面投票制度を採用しない会社の一般的な株主総会招集通知例です。株主総会の招集通知に記載すべきことは会社法298条、会社法施行規則63条に規定されています。主な記載事項は、①株主総会の開催日時・場所、②株主総会の議題・必要に応じて議案の概要（たとえば、役員の選任に関する場合は役員の氏名や、定款変更の場合は変更の内容）、③書面投票制度を採用する場合は書面投票制度に関する事項、④代理人による議決権の行使に関する事項、⑤議決権の不統一行使に関することなどです。

　書式1の招集通知は、定時株主総会に関するものなので、監査役の監査を受けた事業報告や計算書類を同封します。また、議案の概要を記載した、「株主総会参考書類」と議決権の代理行使のための「委任状」を同封し、基準日時点の株主に発送するような書式になっています。

● 株主総会参考書類例（書式2）

　書面投票制度を採用しない会社の場合、株主総会参考書類の株主への交付は会社法上の義務ではありません。しかし、書面投票制度を採用しない会社の場合も、株主に対して議案の内容を株主総会の事前に通知したい場合は書式2を参考にしてみてください。

● 議決権の代理行使に関する委任状例（書式3）

　上場していない会社、書面投票制度を採用しない会社の、議決権代理行使のための委任状の例です。招集通知と同封し、株主総会に出席

できない株主が代理人によって議決権を行使することができるようにするとよいでしょう。

● 定時株主総会招集の決定に関する取締役会議事録例（書式4）

書式4の取締役会議事録では、会社法436条3項の規定により計算書類等の承認をし、会社法298条1項・4項の規定により株主総会の招集の決定をしています。なお、株主総会の招集の決定に関して定めなければならない事項は、①株主総会の日時及び場所、②株主総会の目的である事項があるときはその事項、③株主総会に出席しない株主が書面又は電磁的方法によって議決権を行使することができること（書面投票制度を採用すること）とする場合はその旨などです。

● 定時株主総会議事録例（書式5）

定時株主総会においては、会社法438条の規定に基づき事業報告をし、また、計算書類の承認を受ける必要があります。

● 株主総会の開催を省略した場合の株主総会議事録例（書式6）

取締役又は株主が株主総会の決議の目的である事項について、提案をした場合において、その提案事項について議決権を行使することができる株主の全員が、書面又は電磁的記録によって同意をしたときは、その提案を可決する旨の総会の決議があったものとみなすことができます（会社法319条）。また、取締役が株主の全員に対して株主総会に報告すべき事項を通知した場合において、その報告事項を株主総会に報告することを要しないことにつき株主の全員が書面又は電磁的記録により同意をしたときは、株主総会への報告があったものとみなすことができます（会社法320条）。会社法319条、320条に基づき株主総会の開催を省略した場合（みなし総会をした場合）にも株主総会議事録の作成が必要になります。

書式1　株主総会招集通知例

平成25年5月10日

株　主　各　位

〒×××－××××
東京都××区××五丁目2番1号
株式会社　星光商事
代表取締役社長　星　光男

　　　　　　　第○回定時株主総会招集ご通知

拝啓　ますますご清栄のこととお喜び申し上げます。
　さて、当社の第○回定時株主総会を、下記のとおり開催いたしますので、ご出席くださいますようご通知申し上げます。
　なお、当日ご出席願えない場合は、代理人（ご親族又は議決権を有する当社の株主に限ります）によって議決権を行使することができますが、その場合は、同封の委任状用紙に当会社へお届けいただいているご印鑑をご捺印の上、当社にご提出くださいますようお願い申し上げます。

敬具

記

1．日　時　平成25年5月27日（月曜日）午前10時00分から
　　　　　　（受付　午後9時45分から）
2．場　所　東京都××区××五丁目2番1号　××ビル7階
　　　　　　当社本店第×会議室
3．第○回定時株主総会の目的である事項
　　報告事項　　　第○期（平成24年4月1日から平成25年3月31日まで）
　　　　　　　　　　事業報告の内容報告の件

　　決議事項
　　　第1号議案　　第○期（平成24年4月1日から平成25年3月31日まで）
　　　　　　　　　　計算書類の承認の件
　　　第2号議案　　取締役3名選任の件

　　上記各議案の内容等は、後記「株主総会参考書類」に記載のとおりです。
　　　　　　　　　　　　　　　　　　　　　　　　　　　　　　　　以上

（お願い）　当日ご出席の際は、お手数ながら、同封の委任状用紙を会場受付へご提出くださいますようお願い申し上げます。

書式2 株主総会参考書類例

株主総会参考書類

議案及び参考事項

第1号議案　　第○期（平成24年4月1日から平成25年3月31日まで）計算書類の承認の件

　会社法第438条第2項に基づき、当社第○期の計算書類のご承認をお願いするものであります。

　議案の内容は、添付書類○頁から○頁までに記載のとおりであります。

　なお、取締役会といたしましては、計算書類が法令及び定款に従い、会社の財産及び損益の状況を正確に示しているものと判断しております。

第2号議案　　取締役3名選任の件

　取締役3名全員は、本総会の終結の時をもって任期満了となります。つきましては、取締役3名の選任をお願いするものであります。

　取締役候補者は次のとおりであります。

氏名 （生年月日）	略歴その他	所有する当社の株式の種類及び数（普通株式）
星　光男 （平成○年4月4日生）	平成○年1月 株式会社○○○入社○○ 平成○年1月 当社創業 平成○年1月 当社代表取締役社長就任 （現任）	100株
崎岡　円蔵	〈略〉	〈略〉
井田　善治	〈略〉	〈略〉

書式3　議決権の代理行使に関する委任状例

委　任　状

平成　年　月　日

株式会社星光商事　御中

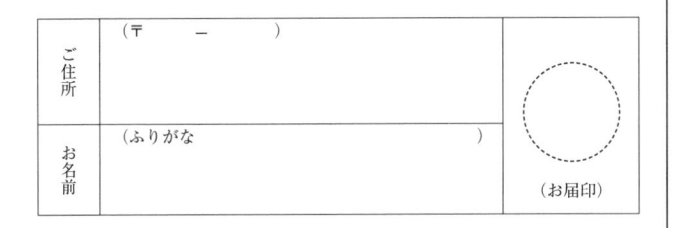

ご住所	（〒　　－　　）
お名前	（ふりがな） （　　　　　　　　　　　　　　　）

（お届印）

　私は、＿＿＿＿＿＿＿＿＿＿＿＿＿＿＿を代理人と定め、本状記載事項を委任します。

委　任　事　項

1. 平成25年5月27日開催の貴社臨時株主総会（継続会又は延会を含む）に出席して、議決権を行使すること。
2. 復代理人を選任すること。

以上

書式4 取締役会議事録例（定時株主総会の招集の決定）

取締役会議事録

1. 日　時　　平成25年5月9日（木曜日）午前10時〜午前11時
2. 場　所　　東京都××区××五丁目2番1号　当社本店会議室
3. 出席者
　　取締役　星光男、崎岡円蔵、井田善治（3名中3名出席）
　　監査役　村田一郎（1名中1名出席）
　なお、崎岡円蔵取締役は、東京都××区××一丁目2番3号の当社○○支店会議室からテレビ電話会議システムを用いて出席した。
4. 議　事
　代表取締役社長星光男は定款○条の規定により、議長となり、開会を宣し、議事に入った。
　なお、議事に先立って、テレビ電話会議システムは、出席者の音声が即時に他の出席者に伝わり、適時適格な意思表示が互いにできる仕組みとなっていることが確認された。

第1号議案　第○期（平成24年4月1日から平成25年3月31日まで）
　　　　　に関する計算書類等承認の件
　本議案の審議に先立ち、議長が監査役村田一郎に監査報告を求めたところ、監査役村田一郎は、次のとおり監査報告に基づき報告を行った。
・第○期事業報告及びその附属明細書は、法令・定款に従い会社の状況を正しく示しているものと認める。また、取締役の職務の執行に関する不正の行為又は法令・定款に違反する重大な事実は認められない。
・第○期計算書類及びその附属明細書は、会社の財産及び損益の状況をすべての重要な点において適正に表示しているものと認める。
　ついで、議長は議場に第○期事業報告・事業報告の附属明細書、第

○期計算書類（貸借対照表、損益計算書、株主資本等変動計算書、個別注記表）及び計算書類の附属明細書を提出し、その承認の可否を諮ったところ、出席取締役は全員異議なくこれを承認可決した。

第2号議案　第○回定時株主総会招集の件

　議長は、第○期事業年度に関する第○回定時株主総会を下記の要領で開催したい旨を述べ、議場に諮ったところ、出席取締役は全員異議なくこれを承認可決した。

記

(1)　日　　時　　平成25年5月27日（月曜日）午前10時から
　　　　　　　　（受付　午前9時45分から）
(2)　場　　所　　東京都××区××五丁目2番1号××ビル
　　　　　　　　当社本店第×会議室
(3)　第○回定時株主総会の目的である事項
　　報告事項　　　　第○期（平成24年4月1日から平成25年3月31日まで）事業報告の内容報告の件
　　決議事項
　　　第1号議案　　第○期（平成24年4月1日から平成25年3月31日まで）
　　　　　　　　　計算書類の承認の件
　　　第2号議案　　取締役3名選任の件
　　上記議案の内容などは、別紙「第○期定時株主総会招集通知」記載のとおり。

　議長は、以上をもって本日の全議案の審議を終了した旨を述べ、閉会を宣した。

上記議事の経過の要領及びその結果を明確にするため、本議事録を作成し、出席取締役及び出席監査役の全員が記名押印する。

平成25年4月30日

　　株式会社星光商事　取締役会

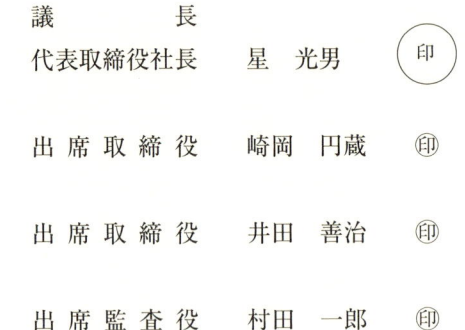

　　　　　　　　議　　　　長
　　　　　　　　代表取締役社長　　星　光男　　㊞

　　　　　　　　出 席 取 締 役　　崎岡　円蔵　㊞

　　　　　　　　出 席 取 締 役　　井田　善治　㊞

　　　　　　　　出 席 監 査 役　　村田　一郎　㊞

書式5　定時株主総会議事録例

第○回定時株主総会議事録

1．開催日時
　　平成25年5月27日（月曜日）午前10時00分～午前11時00分
2．開催場所
　　東京都××区××五丁目2番1号　当社××ビル×階
　　当社本店第×会議室
3．出席取締役及び監査役
　　取締役　星光男、崎岡円蔵、井田善治
　　監査役　村田一郎
4．議長
　　当社定款第×条第×項の規定により、代表取締役社長星光男が議長となった。
5．株主の総数　　　　　　　　　　　　　10名
　　発行済株式の総数　　　　　　　　 1,000株
　　　（自己株式の総数　　　　　　　　　0株）
　　議決権を有する総株主の数　　　　　 10名
　　総株主の議決権の数　　　　　　　1,000個
　　出席株主の数（委任状出席を含む）　 10名
　　出席株主の議決権の数　　　　　　1,000個
6．議事の経過の要領及びその結果
　　上記5．のとおり定足数に足る株主の出席があったので、本総会は適法に成立した。よって、議長は、開会を宣すると共に、直ちに議事に入った。

［報告事項］
第○期（平成24年4月1日から平成25年3月31日まで）事業報告の内容報告の件
　　議長は取締役を代表し、第○期事業年度に関する事業報告を議場に提出し、その内容を報告した。

[決議事項]
第1号議案　第○期計算書類承認の件
　議長は取締役を代表し第○期に係る計算書類（貸借対照表、損益計算書、株主資本等変動計算書及び個別注記表）を議場に提出し、その内容を説明した。
　ついで、議長は第○期計算書類の承認の可否を議場に諮ったところ、出席株主は満場異議なくこれを承認可決した。

第2号議案　取締役3名選任の件
　議長は、取締役全員が本総会の終結の時をもって任期満了となり退任するので、取締役の改選の必要がある旨を説明し、また、その候補者は星光男、崎岡円蔵及び井田善治としたい旨を述べた。ついで、議長がその選任の可否を議場に諮ったところ、出席株主の議決権の過半数の賛成をもって本議案は原案どおり承認可決された。
　なお、被選任者は席上その就任を承諾した。

　議長は、以上をもって、本総会における報告及び全議案の審議を終了した旨を述べ閉会を宣した。

7．議事録の作成について
　上記議事の経過の要領及びその結果を明確にするため、議長は本議事録を作成し、記名押印する。

平成25年5月27日

株式会社星光商事　第○回定時株主総会

　　　　議長・議事録作成者
　　　　代表取締役社長　　　星　光男　㊞

書式6 株主総会議事録例(株主総会の開催を省略した場合)

第○回定時株主総会議事録

1．株主総会への報告及び株主総会の決議があったとみなされた日
　　平成25年5月27日(月曜日)
2．株主総会の決議があったとみなされた事項の提案者
　　代表取締役社長　星　光男
3．議事録の作成に係る職務を行った取締役
　　代表取締役社長　星　光男
4．株主の総数　　　　　　　　　　　　　　5名
　　発行済株式の総数　　　　　　　　　1,000株
　　自己株式の総数　　　　　　　　　　　0株
　　議決権を有する総株主の数　　　　　　5名
　　総株主の議決権の数　　　　　　　1,000個
5．株主総会の目的である事項

［報告事項］
第○期(平成24年4月1日から平成25年3月31日まで)事業報告の
　内容報告の件

　平成25年5月10日、代表取締役社長星光男が株主の全員に対し、別紙のとおり上記報告事項を通知し、当該事項を株主総会に報告することを要しないことにつき、平成25年5月27日までに株主の全員から書面により同意の意思表示を得たので、会社法第320条に基づき、当該事項の株主総会への報告があったものとみなされた。

［決議事項］
第1号議案　　第○期(平成24年4月1日から平成25年3月31日ま

　　　　　　　　で）計算書類承認の件
第2号議案　　取締役3名選任の件

　平成25年5月10日、代表取締役社長星光男が株主の全員に対し、別紙のとおり上記決議事項について提案し、当該提案につき、平成25年5月27日までに株主の全員から書面により同意の意思表示を得たので、会社法第319条第1項に基づき、当該提案を可決する旨の株主総会の決議があったものとみなされた。

　上記のとおり、株主総会への報告の省略及び株主総会の決議の省略を行ったので、株主総会への報告並びに株主総会の決議があったとみなされた事項の内容を明確にするため、会社法施行規則第72条第4項の規定に基づき本議事録を作成し、議事録の作成に係る職務を行った取締役が記名押印する。

　　　株式会社星光商事　第○回定時株主総会

　　　　　　　　　　　　　議事録作成者
　　　　　　　　　　　　　代表取締役社長　　　星　光男　㊞

第3章

役員等の変更に関する議事録と登記

1 役員等の選任・解任についての法律知識

役員等は株主総会の議決で選任・解任される

● 役員の選任・解任の通則

　役員（取締役・監査役・会計参与）の選任は、株主総会の普通決議（22ページ）ですることができます（会社法329条1項）。役員選任の普通決議の定足数は、定款の定めにより議決権を行使することができる株主の議決権の3分の1以上とすることができます。選任決議の際に、役員が欠けた場合又は法律若しくは定款で定めた人数を欠くことになった場合に備えて補欠役員の選任をすることも可能です（会社法329条2項）。

　役員の解任は、いつでも株主総会の決議で行うことができます（会社法339条1項）。決議要件は、定款に規定がない限り役員の選任と同様、原則、普通決議です（監査役、後述の累積投票制度によって選任された取締役の解任を除きます）。ただし、正当な理由なく解任した場合、会社は損害賠償責任を負うことがあります（会社法339条2項）。

　なお、本章では特に断りのない限り、委員会設置会社を除きます。

● 取締役の選任・解任

　取締役会非設置会社において、代表取締役を選定していない場合、原則として取締役が各自代表権を有し、単独で業務の執行を行うことができます。取締役会設置会社の場合、取締役は、会社の業務執行の決定機関である取締役会の構成員となります。取締役は会社に必ず置かなくてはなりません。取締役会非設置会社の場合は、定款で複数名置く規定がない限り、1名を選任すれば足りますが、取締役会設置会社の場合、3名以上の取締役が必要です。

　取締役には、法定の欠格事由（法人、成年被後見人、被保佐人、会

社法違反による刑の執行を終え、2年を経過していない者など）があり、これに該当する者は取締役になることができません。未成年や破産手続開始の決定を受け復権をしていない者は欠格事由には該当しません。また、非公開会社においては「取締役は株主でなければならない」旨の定款規定を設けることが可能です。取締役は、株主総会の普通決議によって選任され、就任を承諾したときに取締役の地位に就きます。

　なお、取締役選任の特有の制度として累積投票制度があります（会社法342条）。累積投票制度とは、取締役を2人以上選任する場合において、株主からの請求があれば1議決権あたり取締役選任数と同数の議決権を株主に与えるという制度です。少数派株主であっても、すべての議決権を1人に集中させることで、少数派株主の希望する取締役が選任される可能性も生じます。この累積投票制度は定款で定めれば完全に排除することができます。取締役は、株主総会の役員選任の普通決議でいつでも解任することができますが、累積投票で選任された取締役の解任の場合は、特別決議（22ページ）が必要になります。

● 取締役の任期

　取締役の任期は、原則として、選任後2年以内に終了する事業年度のうち最終のものに関する定時株主総会の終結の時までですが、定款の規定、株主総会の決議で短縮することも可能です。また、非公開会社の取締役の任期は、定款で、選任後10年以内に終了する事業年度のうち最終のものに関する定時株主総会の終結の時まで伸長することが可能です。

● 代表取締役の選定・解職

　代表取締役は会社を代表し、会社の業務を執行する取締役のことです。取締役会設置会社では、取締役会の決議で取締役の中から1名以

上の代表取締役を選定する必要があります（会社法362条3項）。これに対し取締役会非設置会社の場合は、取締役が複数名いる場合、定款規定に基づく取締役の互選、又は株主総会の決議等によって代表取締役を選定することができます。取締役会非設置会社では原則として取締役全員が各自代表権を有しますが、代表取締役を選定した場合は、その取締役のみが会社を代表することになるため、他の取締役は会社を代表する権限を失います。

　代表取締役を解職するには、取締役会設置会社では、取締役会の決議が必要です。一方、取締役会非設置会社では、取締役の過半数の一致又は株主総会の決議が必要になります。なお、代表取締役に独自の任期はなく、取締役の地位を失うことによって当然に代表取締役の地位も失います。

● 監査役の選任・解任

　監査役は、取締役などの職務執行を監査する機関です。取締役会も職務執行の監督をしますが、仲間意識があるため十分な監査はできないおそれがあります。そのため、監査役が取締役の職務の執行の監査を行います。監査役はこの職務執行を監査する権限（業務監査権）に加え、会計に関する監査権（会計監査権）を有します。ただし、非公開会社（監査役会設置会社及び会計監査人設置会社を除く）においては、定款に規定することで監査役の監査権限を会計に関するものに限定することができます。

　なお、会社法上の監査役設置会社とは業務監査権を有する監査役を設置している会社をいいます（会社法2条9号）。これに対し、商業登記記録上は、監査役の業務監査権の有無に関わらず「監査役設置会社」と登記されますので、その相違に注意が必要です。

　会計参与設置会社以外の取締役会設置会社及び会計監査人設置会社は、監査役の設置義務があるため、原則として、1名以上の監査役を

選任する必要があります。また、監査役会設置会社の場合は3名以上の監査役を選任する必要があります。

　監査役にも取締役と同様の欠格事由があります（会社法335条1項、会社法331条）。監査役は、取締役などの職務執行を監査する立場にあるため、会社やその子会社の取締役、支配人その他の使用人、子会社の会計参与及び執行役などを兼ねることができません。

　監査役の選任は、株主総会の普通決議によりますが、解任する場合には特別決議が必要となります。

● 監査役の任期

　監査役の任期は選任後4年以内に終了する事業年度のうち最終のものに関する定時株主総会の終結の時までです（会社法336条）。取締役の任期と同様、非公開会社の監査役の任期は、定款をもって、選任後10年以内に終了する事業年度のうち最終のものに関する定時株主総会の終結の時まで伸長することができます。

● 監査役の設置義務

　取締役会設置会社では、原則として監査役を置かなければなりません。ただし、非公開会社でかつ大会社（14ページ）でない取締役会設置会社は、会計参与を設置すれば、監査役は設置しなくてもよいことになっています。一方、取締役会非設置会社は監査役を設置する義務はありません。なお、会計監査人設置会社にも、監査役の設置が義務付けられていますが、委員会設置会社には監査役を置くことができません。

● 会計監査人の選任・解任及びその任期

　会社の計算書類やその附属明細書などを監査する機関を会計監査人といいます。会計監査人は、会計監査の専門家である公認会計士又は監

査法人でなければ就任できません。大会社と委員会設置会社には、会計監査人を設置する義務があります。

会計監査人は計算書類などの不正を監査する立場にあります。したがって、会社や子会社の取締役などに就いている者又は社員の半数以上がそのような者である監査法人を会計監査人とすることはできません。会計監査人は、株主総会の普通決議によって選任・解任されます。任期は選任後1年以内に終了する事業年度のうち、最後の事業年度について開催される定時株主総会終結時までです。ただし、その定時総会で別段の決議がなされなければその総会において再任されたものとみなされます（会社法338条）。

● 会計参与の選任・解任及びその任期

取締役と共同して計算書類等を作成する職務を担う会社の機関を会計参与といいます。どのような機関設計をする会社であっても、任意に会計参与を置くことが可能です。会計参与は、公認会計士、監査法人又は税理士若しくは税理士法人でなければなりません。また、監査役と同様、会社やその子会社の取締役、支配人その他の使用人、子会社の会計参与及び執行役などに就いている者を会計参与に選任することはできません。会計参与は、株主総会の普通決議によって選任・解任されます。任期は選任後2年以内に終了する事業年度のうち最終のものに関する定時株主総会の終結の時までです。この任期を定款・株主総会の決議で短縮することも可能です。

● 役員及び会計監査人の登記される事項

取締役・監査役などの役員、会計監査人の氏名・名称、及び代表取締役の住所・氏名が登記事項となります。また、就任・重任・辞任・退任・解任など、役員等の資格の得喪に関する旨、及びその年月日も登記事項となります。

2 役員等の選任・解任に関する議案の作成方法

どのような理由で、誰が選任されたのかを明記する

● 任期満了に伴う取締役の選任に関する株主総会議案例（書式１）

　定時株主総会を開催し、その終結をもって定款の規定により取締役全員の任期が満了するため、現任の取締役全員を再選する場合の株主総会議案例です。このように、定時株主総会の終結をもって取締役が任期満了し退任してしまう場合、その定時株主総会で予選（任期満了した後の取締役をあらかじめ選任する）をするのが一般的です。

● 任期満了に伴う取締役の選任に関する株主総会議案例（書式２）

　書式１と同様、定時株主総会を開催し、その終結をもって定款の規定により取締役全員の任期が満了するため、取締役を選任するときの株主総会議案例です。書式１と異なり、一部の取締役が再選されない書式になっています。

● 定款変更による任期満了に伴う取締役の選任に関する株主総会議案例（書式３）

　定款を変更して、取締役の任期を短縮した場合には、現在就任している取締役の任期も短縮されます。定款変更をした時点で、在任取締役の任期が既に選任時から起算して、定款変更後の任期を過ぎている場合は、定款変更をした時点で取締役が任期満了退任となるとされているため、書式３のように取締役の選任をする必要が生じます。

　書式３では取締役丙野三郎が再選されていませんが、このように任期短縮により、取締役を退任させる旨の決議は、解任と同様の結果をもたらすことになりますので、その運用には注意を要するといえるでしょう。

● 増員取締役の選任に関する株主総会議案例（書式4）

　取締役の任期が複数年の会社の定款には、「増員により選任された取締役の任期は、他の在任取締役の任期の満了すべき時までとする」旨の規定があることが多いでしょう。書式4は、新たに選任する取締役が任期短縮の定款規定の適用を受ける「増員取締役」であることを明記しています。書式4の「なお」以降は、必須の記載ではありませんが、取締役が多い会社などにおいては、新しく選任した取締役の任期がいつまでであるかを株主総会議事録にわかりやすく明記しておくのもよいでしょう。

● 補欠取締役の選任に関する株主総会議案例（書式5）

　取締役の任期が複数年の会社の定款には、「補欠により選任された取締役の任期は、前任取締役の任期の満了すべき時までとする」旨の規定があることが多いでしょう。書式5は、選任する取締役が任期短縮の定款規定の適用を受ける「補欠取締役」であることを明記しています。「なお」以降は、書式4と同様に必須の記載ではありません。

● 取締役の解任に関する株主総会議案例（書式6）

　取締役等役員を株主総会決議によって解任する場合には、株主総会において、解任するに値する正当な理由を説明すべきです。

● 代表取締役の選定（再選）に関する取締役会議案例（書式7）

　代表取締役である取締役が、定時株主総会の終結をもって任期満了すると、代表取締役としても前提資格（取締役）を喪失し、退任します。書式7は、代表取締役であった取締役が定時株主総会で再選され、定時株主総会後に開催される取締役会において、代表取締役にも再選された場合の取締役会議案例になります。

● 代表取締役の選定に関する取締役会議案例（書式8）

書式7と異なり、代表取締役であった取締役が定時株主総会の終結のときをもって任期満了退任し、その定時株主総会で再選されず、定時株主総会後に開催される取締役会において、後任の代表取締役を選定する場合の取締役会議案例になります。

● 代表取締役の選定に関する取締役決定書（代表取締役の互選書）例（書式9）

「取締役が2名以上いるときは代表取締役を1名以上置き、取締役の互選によって定める」などのように、代表取締役を取締役の互選で選定する旨の定款規定がある取締役会非設置会社の取締役決定書（代表取締役の互選書）例です。33ページの書式も合わせて参照してみてください。

● 監査役の選任に関する株主総会議案例（書式10）

監査役を置く会社の定款には、「補欠により選任された監査役の任期は、前任監査役の任期の満了すべき時までとする」旨の規定があることが多いでしょう。書式10は、辞任する監査役の補欠として監査役を選任する場合の書式です。補欠監査役が社外監査役であること、監査役の選任に関する議案について監査役の同意を得ていることは、議事録の必須記載事項ではありませんが、重要なことなので記載しておきましょう。

● 補欠監査役の選任に関する株主総会議案例（書式11）

会社は役員が欠けた場合又は会社法、定款で定めた役員の員数を欠くことになるときに備えて補欠の役員をあらかじめ選任することができるとされています（会社法329条2項）。株主の人数が多く、株主総会を招集するのに手間と費用がかかってしまう会社にとっては、有用

な制度です。

「補欠役員」には、書式5、書式11のように、「退任した役員の補欠として選任された役員」と「欠員が出た場合に備えてあらかじめ選任された役員」という2つの意味があることになりますので、混同しないように注意してください。

● 監査役選任議案についての同意に関する監査役会議案例（書式12）

取締役は監査役の選任に関する議案を株主総会に提出する場合には、監査役の同意を得なければなりませんが（会社法343条1項）、監査役会設置会社においては、監査役会の同意が必要となります（会社法343条3項）。

なお、監査役設置会社において、取締役が会計監査人の選任に関する議案を株主総会に提出する場合にも、監査役の同意（監査役会設置会社の場合は監査役会の決議）が必要になりますが（会社法344条1項・3項）、この場合も書式12を参考に議案の作成が可能です。

● 監査役選任議案を株主総会に提出することの請求に関する監査役会議案例（書式13）

監査役は取締役に対し、監査役の選任を株主総会の目的とすること、又は監査役の選任に関する議案を株主総会に提出することを請求することができます（会社法343条2項）が、監査役会設置会社においては、この請求は監査役会で決議します。

なお、監査役（監査役会設置会社の場合は監査役会）は、会計監査人の選任議案を株主総会に提出すること、又は会計監査人の選任を株主総会の目的とすることを取締役に対して請求することができますが（会社法344条2項）、この場合も書式13を参考に議案の作成が可能です。

● 常勤監査役の選定及び解職に関する監査役会議案例（書式14）

　監査役会設置会社は、常勤監査役を１名以上置かなければなりませんが、この常勤監査役の選定及び解職は監査役会の決議事項となります。

● 会計参与の設置・選任に関する株主総会議案例（書式15）

　会計参与を設置していない会社が、機関設計を変更し新たに会計参与を設置する場合には、会計参与の選任と合わせて、定款変更の決議が必要になります。

● 会計監査人の選任に関する株主総会議案例（書式16）

　会計監査人の選任は、株主総会の決議によって行われます。会計監査人の選任に関する議案を株主総会に提出する場合には、監査役の同意（監査役会設置会社の場合は監査役会の決議）を得なければなりません。会計監査人の選任に関する議案について監査役・監査役会の同意を得ていることは、議事録の必須記載事項ではありませんが、重要なことなので記載するとよいでしょう。

● 会計監査人の解任に関する監査役会議案例（書式17）

　会計監査人は株主総会の決議によって解任することができますが、監査役（監査役会設置会社の場合は監査役会）も、会計監査人が職務上の義務に違反した場合、職務を怠った場合、会計監査人としてふさわしくない非行があったような場合には、会計監査人を解任することができます。

書式1 株主総会議案例（任期満了に伴う取締役の選任〈全員再選重任〉）

第○号議案　任期満了に伴う取締役改選の件

　議長は、当社定款第○条の規定により、本定時総会終結の時をもって取締役3名全員が任期満了し退任することとなるので、その改選が必要な旨を述べ、現任取締役である星光男、崎岡円蔵及び井田善治の3名の再選を提案し、議場に諮ったところ、本議案は満場異議なく承認可決された。
　なお、被選任者は席上その就任を承諾した。

書式2 株主総会議案例（任期満了に伴う取締役の選任〈一部の取締役の退任〉）

第○号議案　取締役3名選任の件

　議長は、本総会の終結の時をもって取締役3名全員が任期満了し退任することとなるので、下記のとおり2名の再選及び新たに1名の選任をしたい旨を述べ、議場に諮ったところ満場異議なくこれを承認可決した。

記

取締役　　崎岡　円蔵
取締役　　井田　善治
取締役　　丁原　四郎（新任）

　なお、被選任者である崎岡円蔵及び井田善治は席上取締役に就任することを承諾した。

書式3 株主総会議案例(定款変更による任期満了に伴う取締役の選任)

第1号議案　　定款一部変更の件

　議長は、下記のとおり当社の定款を一部変更したい旨を述べ、その可否を諮ったところ、出席株主は満場一致をもってこれを承認可決した。

記

現行定款	変更案
(取締役の任期) 第24条　取締役の任期は、選任後10年以内に終了する事業年度のうち最終のものに関する定時株主総会の終結の時までとする。 2　補欠又は増員により選任された取締役の任期は、前任取締役又は他の在任取締役の任期の満了すべき時までとする。	(取締役の任期) 第24条　取締役の任期は、選任後2年以内に終了する事業年度のうち最終のものに関する定時株主総会の終結の時までとする。 2　補欠又は増員により選任された取締役の任期は、前任取締役又は他の在任取締役の任期の満了すべき時までとする。

※下線は変更部分を示す。

第2号議案　　取締役3名選任の件

　議長は、第1号議案の定款変更により、取締役甲野一郎、乙野次郎、丙野三郎の3名全員が任期満了退任となったため、改めて取締役を3名選任したい旨を述べ、その候補者として甲野一郎、乙野次郎、丁原四郎の3名を指名した。

　ついで、議長は取締役として上記3名を選任することの可否を議場に諮ったところ、出席株主は満場一致をもってこれを承認可決した。

　なお、被選任者である甲野一郎、乙野次郎は席上取締役に就任することを承諾した。

書式4 株主総会議案例（増員取締役の選任）

第○号議案　取締役1名選任の件

　議長は、業務の都合上、取締役を1名増員したい旨を述べ、その候補者として丁原四郎を指名し、増員取締役として丁原四郎を選任することの可否を議場に諮ったところ、出席株主は満場一致でこれを承認可決した。
　被選任者である丁原四郎は、席上取締役に就任することを承諾した。
　なお、議長より、増員取締役である丁原四郎の任期は、当社定款第○条第○項の規定により、平成○年○月に開催予定の第○回定時株主総会の終結の時までであることが説明された。

書式5 株主総会議案例（補欠取締役の選任）

第○号議案　取締役1名選任の件

　議長は、取締役星光男氏が平成25年5月15日に逝去されたため、その補欠として取締役を1名選任する必要がある旨を述べ、その候補者として、丁原四郎氏を指名した。
　ついで、議長は、丁原四郎氏を取締役に選任することの可否を議場に諮ったところ出席株主は満場一致をもってこれを承認可決した。
　なお、議長より補欠として選任された丁原四郎氏の取締役としての任期は、当社定款第○条第○項の規定により、前任取締役星光男氏の任期の満了すべき時まで（平成26年5月開催予定の第○回定時株主総会終結時）であることが説明された。

書式6 株主総会議案例（取締役の解任）

　　　　　　　　第○号議案　取締役解任の件

　議長は、当社の取締役井田善治が、平成○年○月○日から平成○年○月○日までの間、合計約○円の正当な理由のない経費の使い込みを行った事実を議場に報告した。ついで、議長は当該事実があったことを理由に取締役井田善治を本日付をもって解任したい旨を述べ、議場に諮ったところ、出席株主は満場一致をもってこれを承認可決した。

書式7 取締役会議案例（代表取締役の選定〈再選〉）

　　　　　　　　第○号議案　代表取締役選定の件

　議長は、代表取締役星光男が本日開催の第○回定時株主総会の終結の時をもって取締役の任期満了となり改選によって取締役再選重任となったため、改めて代表取締役に星光男を選定したい旨を述べ議場に諮ったところ、取締役3名全員の賛成により本議案は承認可決された。
　なお、被選定者である星光男は席上代表取締役に就任することを承諾した。

書式8 取締役会議案例（代表取締役の選定）

第○号議案　代表取締役選定の件

　議長は、代表取締役星光男が本日開催の第○回定時株主総会の終結の時をもって任期満了退任したので改めて代表取締役を選定する必要がある旨を述べその選定方法を諮ったところ、取締役井田善治より、取締役崎岡円蔵を代表取締役に推薦する旨の発言があった。
　議長は、井田善治の推薦のとおり崎岡円蔵を代表取締役に選定することの可否を議場に諮ったところ、取締役全員の賛成により承認可決された。
　なお、被選定者である崎岡円蔵は席上その就任を承諾した。

書式9 取締役決定書（代表取締役の互選書〈代表取締役の選定の例〉）

1．代表取締役選定の件
　代表取締役である取締役星光男が平成25年5月15日に逝去されたため、当会社定款第○条の規定に基づき、取締役の互選によって崎岡円蔵を代表取締役に選定する。
　なお、被選定者である崎岡円蔵は席上代表取締役に就任することを承諾した。

書式10 株主総会議案例（監査役の選任）

第○号議案　監査役1名選任の件

　議長は、監査役村田一郎が本総会の終結の時をもって辞任するため、その補欠として監査役を1名選任する必要がある旨を述べ、その候補者として田中次郎を指名し、また田中次郎は会社法第2条第16号に規定する社外監査役である旨並びに当該候補者の指名については、監査役の同意を得ている旨を報告した。
　ついで議長は、田中次郎を監査役に選任することの可否を議場に諮ったところ、出席株主の議決権の過半数の賛成により承認可決された。

書式11 株主総会議案例（補欠監査役の選任）

第○号議案　補欠監査役1名選任の件

　議長は、法令に定める監査役の員数を欠くことになる場合に備え、補欠監査役を1名選任したい旨を述べ、その候補者として鈴木三郎を指名した。
　また、議長は、補欠監査役候補者鈴木三郎は会社法第2条第16号に規定する社外監査役候補者である旨、本議案については監査役会の同意を得ている旨を説明した。
　ついで、議長は補欠監査役として鈴木三郎を選任することの可否を議場に諮ったところ、議決権行使書による意思表示も含め出席株主の議決権の数の過半数の賛成を得て本議案は承認可決された。

書式12 監査役会議案例（監査役選任議案についての同意）

第○号議案　監査役選任議案に同意する件

　議長は、監査役村田一郎氏から第○期定時株主総会の終結時をもって辞任したいとの申出があったことを受け、代表取締役から第○期定時株主総会に提案する監査役選任議案について、監査役会の同意を求められた旨を説明した。ついで、議長が、当該同意の可否を議場に諮ったところ、出席監査役は全員異議なくこれに同意した。

書式13 監査役会議案例（監査役選任議案を株主総会に提出することの請求）

第○号議案　監査役選任に関する議案を株主総会に提出することを請求する件

　議長は、監査役村田一郎氏から第○期定時株主総会の終結時をもって辞任したいとの申出があったことから、新たに田中次郎氏（経歴などは別添資料記載のとおり）を監査役に選任する議案を第○期定時株主総会に提出することを取締役に対して求めることを諮ったところ、出席した監査役全員がこれに同意した。

書式14 監査役会議案例（常勤監査役の選定及び解職）

第○号議案　常勤監査役選定の件

　議長は、本日開催の定時株主総会において監査役が増員されたことから、改めて常勤監査役の選定を諮ったところ、監査役村田一郎氏から監査役丁原四郎氏を常勤監査役に選定したい旨の提案があった。
　そこで、議長が監査役丁原四郎氏を常勤監査役に選定することの可否を議場に諮ったところ、出席監査役は全員異議なくこれを承認可決した。
　なお、監査役丁原四郎氏は、席上常勤監査役に就任することを承諾した。

第○号議案　常勤監査役解職の件

　議長は、常勤監査役村田一郎氏が新たに株式会社○○商事の監査役に就任したため、当社の常勤監査役の職務に専念できなくなった旨を報告し、村田一郎氏の常勤監査役の職を解職したい旨を提案した。
　そこで、議長が第○号議案を議場に諮ったところ、出席監査役は全員異議なく原案どおり承認可決した。

書式15 株主総会議案例（会計参与の設置・選任）

　　　　　　　　第○号議案　　定款一部変更の件

　議長は、別紙のとおり当会社の定款を変更し、監査役設置会社の旨の定めを廃止し、会計参与設置会社の旨の定めを新設したい旨を述べ議場に諮ったところ、出席株主は満場一致をもってこれを承認可決した。

　　　　　　　　第○号議案　　会計参与1名選任の件

　議長は、会計参与を1名選任する必要がある旨を述べ、その候補者として下記の者を指名した。

　　　　　　　　　　　　　記

　　氏　　　　名　　　戊山　五郎
　　資　　　　格　　　税理士
　　事務所所在地　　　東京都○○区○○二丁目3番4号
　(計算書類等備置場所)

　議長の指名について審議の結果、出席株主は満場異議なくこれを承認可決した。

書式16 株主総会議案例（会計監査人の選任）

第○号議案　会計監査人選任の件

　議長は、当社の会計監査人である有限責任監査法人ＡＢＣが本定時総会終結をもって辞任するので、本総会において会計監査人の選任を求めたい旨、その候補者は「第○回定時株主総会招集ご通知」の○ページに記載のある有限責任監査法人ＷＸＹである旨及び本議案については監査役会の同意を得ている旨をそれぞれ説明し、これについて賛否を求めた。

　議長が議場に諮ったところ、出席株主の議決権の過半数の賛成により候補者たる有限責任監査法人ＷＸＹが当社の会計監査人に選任された。

　なお、議長より、有限責任監査法人ＷＸＹからはあらかじめ書面によって就任の承諾を得ている旨の説明があった。

書式17 監査役会議案例（会計監査人の解任）

第○号議案　会計監査人解任の件

　議長は、当社の会計監査人である有限責任監査法人○○を、別紙記載の事由により解任したい旨を述べ、その賛否を議場に諮ったところ、各監査役が慎重に審議した結果、監査役全員が同意し、原案どおり承認可決された。

3 役員等の変更に関する登記申請書の作成方法

株主総会議事録・取締役会議事録が添付書類となる

● 役員等の変更登記申請書の添付書類の通則

　役員等の変更登記申請書の添付書類は、その変更の内容によって異なりますが、以下の(1)～(12)の書類が添付書類の主なものです。

(1) **株主総会議事録**

　役員等の選任、解任等を証明するために添付します。会社によっては、種類株主総会議事録の添付が必要になる場合もあります。

(2) **取締役会議事録**

　代表取締役の選定・解職を証明するために添付します。

(3) **代表取締役の互選を証する書面（取締役決定書・代表取締役の互選書）**

　定款に「代表取締役を取締役の互選によって定める」旨の規定がある取締役会非設置会社において代表取締役の選定・解職を証明するために添付します。

(4) **監査役会議事録**

　会計監査人の解任や仮会計監査人の選任を証するために添付します。なお、監査役会を設置していない場合は、監査役が会計監査人を解任したことを証する書面、仮会計監査人を選任したことを証する書面が監査役会議事録に代わり必要となります。

(5) **定款**

　取締役会非設置会社において、定款の規定に基づき代表取締役を取締役の互選で選定する場合などに添付が必要となります。

(6) **役員等が就任を承諾したことを証する書面（就任承諾書）**

　役員等が選任され、その就任を承諾したことを証明するために添付します。なお、就任承諾書は、選任・選定された役員等がその株主総

会・取締役会に出席しており、出席している事実が議事録等から読み取れ、かつ選任を決議・決定した議事録等から「就任を承諾した」事実が読み取れる場合は、その役員等に関しての就任承諾書の添付を省略することが可能とされています。

(7) 辞任したことを証する書面（辞任届）

辞任した役員等がいる場合に、役員等が辞任したことを証明するために添付します。なお、辞任する役員が株主総会・取締役会に出席しており、辞任の意思を表示したことが議事録等から読み取れる場合は、辞任届の添付を省略することが可能とされています。

(8) 死亡を証する書面

死亡した役員等がいる場合に、役員等が死亡したことを証するために添付します。死亡した役員の親族が作成した会社に宛てた死亡届、医師が作成した死亡診断書、死亡の記載のある戸籍謄抄本などが死亡を証する書面に該当します。

(9) 欠格事由に該当することを証する書面

役員等が欠格事由に該当した場合には、役員等を退任しますので、その欠格事由に該当することを証する書面を添付します（成年後見の審判書等）。なお、破産手続開始の決定を受けたことは、欠格事由とはなりませんが、会社と役員等の関係は委任に関する規定に従うとされているため（会社法330条）、役員等が破産手続開始の決定を受けると委任契約が終了してしまいます（民法653条2号）。したがって、その場合は、破産手続開始の決定書の謄本を添付して役員等の退任による変更登記をする必要が生じます。

(10) 印鑑証明書

取締役会非設置会社において取締役が就任（再選を除く）した場合や、取締役会設置会社において代表取締役が就任（再選を除く）した場合に添付書類となります。また、代表取締役の就任による変更登記の際には、原則として、次の①〜③の印鑑について、印鑑証明書を添

付する必要があります。
① 株主総会において代表取締役を定めた場合は、議長及び出席した取締役が株主総会議事録に押印した印鑑
② 取締役の互選によって代表取締役を選定した場合は、取締役が取締役決定書（代表取締役の互選書）に押印した印鑑
③ 取締役会で代表取締役を選定した場合は、出席した取締役及び監査役が取締役会議事録に押印した印鑑
　ただし、①の株主総会議事録、②の取締役決定書、③の取締役会議事録に代表取締役が登記所に届け出ている会社代表印を押印した場合は、①〜③の印鑑についての印鑑証明書は添付を省略することが可能です。

(11)　**資格証明書**

　会計参与、会計監査人の就任（重任を含みます）による変更登記を申請する場合、会計参与が税理士、公認会計士等であること、会計監査人が公認会計士等であることを証するために添付します。なお、会計参与・会計監査人が法人である場合は、法人の登記事項証明書を添付します。

(12)　**印鑑届書**

　印鑑届書は登記の添付書類ではありませんが、代表取締役の変更があった場合は、登記申請と同時に印鑑届書により管轄の登記所に対して会社代表印を新代表取締役の名前で届け出る必要があります。

● 取締役、代表取締役及び監査役の変更登記申請書例（書式18、書式19）

　定時株主総会において、書式1（80ページ）、書式10（85ページ）の議案が決議され、また定時株主総会後に開催された取締役会において書式7（83ページ）の議案が決議された場合の役員の変更登記申請書例です。

書式1、書式7の各議案から、取締役と代表取締役は議場において就任を承諾したことが判明するので、就任承諾書の添付を省略することが可能です。この場合、登記申請書には「取締役及び代表取締役の就任承諾を証する書面は、議事録の記載を援用する」などと記載します。

一方、書式10の議案からは、補欠として選任された監査役が就任を承諾しているかどうか判断できないので、監査役の就任承諾書を添付する必要があります。

なお、役員が退任後、再選され就任することを登記上「重任」といいます。取締役3名と代表取締役1名は重任する役員に該当しますので、登記すべき事項の原因年月日の欄には「平成25年5月27日重任」と記載します。これに対し、監査役は新任なので、登記すべき事項の原因年月日の欄には「平成25年5月27日就任」と記載します。

また、監査役設置会社である場合、会社法427条1項の規定による社外監査役が負う責任の限度に関する契約の締結についての定款の定めがある場合には、「社外監査役である旨」が登記事項となりますので、注意してください。

役員変更登記の登録免許税は、登記申請1件につき3万円（資本金の額が1億円以下の会社の場合は1万円）です。

● 辞任届例（書式20）

書式20は、監査役の辞任を証するために添付する辞任届の書式です。辞任届には、「いつ」「どの役職を」辞任するかを明記しましょう。取締役の辞任届を添付する必要がある場合は、役職の部分を変更して使用可能です。なお、辞任届は、署名押印でも記名押印でもよく、押印する印鑑も認印でかまいません。

● 就任承諾書例（書式21、書式22）

書式21は、監査役に選任された後に就任承諾する場合の就任承諾書

の書式で、書式22は、株主総会決議の事前に、新任監査役候補者が、株主総会で選任されることを条件として、就任を承諾する場合の就任承諾書の書式です。書式20の辞任届と同様、役職の部分を変更すれば取締役の就任承諾書としても使用できます。

なお、就任承諾書も、署名押印でも記名押印でもよく、押印する印鑑も取締役会非設置会社の取締役の就任承諾書として使用する場合を除き、認印でかまいません。

● 取締役、代表取締役及び会計監査人の変更登記申請書例（書式23、書式24）

定時株主総会において、書式2（80ページ）、書式16（89ページ）の議案が決議され、また定時株主総会後に開催された取締役会において書式8（84ページ）の議案が決議された場合の役員等の変更登記申請書例です。

定時株主総会の終結をもって、代表取締役である取締役が任期満了退任した場合、会社代表印を届け出ている従前の代表取締役が定時株主総会後の取締役会に出席し、取締役会議事録に会社代表印を押印することができません。その場合、前述（91ページ）のとおり、取締役会に出席した取締役及び監査役の全員が取締役会議事録に実印を押印し、印鑑証明書を添付する必要がありますので注意が必要です。

● 印鑑届書（書式25）

代表取締役に変更があった場合の印鑑届書です。（注1）の欄に会社代表印を、（注3）の欄に新代表取締役個人の実印を鮮明に押印してください。なお、（注2）の「印鑑カードを引き継ぐ」の欄にチェックをして印鑑届出をすると、前任者の使用していた印鑑カードを引き継ぐことができます。

● 取締役会非設置会社における取締役及び代表取締役の変更登記申請書例（書式26）

　臨時株主総会において、書式5（82ページ）の議案が決議され、この臨時株主総会後に取締役の互選によって、書式9（84ページ）のとおり代表取締役を選定した場合の役員の変更登記申請書例です。

　代表取締役である取締役が死亡したことにより、取締役決定書（代表取締役の互選書）に会社代表印を届け出ている従前の代表取締役が会社代表印を押印することができません。したがって、前述のとおり取締役決定書（代表取締役の互選書）に取締役全員が実印を押印し、印鑑証明書を添付する必要がありますので注意が必要です。

　なお、登記申請書の「登記すべき事項」は、書式19、書式24のようにCD-Rに入力し、登記所に提出した方が、登記所における正確かつ迅速な登記手続きに役立ちますが、書式26のように登記すべき事項が多くない場合には、登記申請書に記載してもかまいません。

● 取締役の解任に関する役員の変更登記申請書例（書式27）

　株主総会において書式6の議案が決議された場合の役員の変更登記申請書例です。株主総会の決議をもって役員を解任した場合、解任した年月日及び解任の事実が登記され、公示されます。登記記録に解任の旨が記載されていると、登記事項証明書を見た第三者は、役員による不正、役員間での争いがあったと推測するかもしれません。したがって、ケースによっては、役員との話し合いなどにより、辞任させるという選択を検討するとよいでしょう。

書式18 登記申請書例（取締役、代表取締役及び監査役の変更）

株式会社変更登記申請書

1．会社法人等番号　　０１××－０１－１２３４××
1．商　　　　　号　　株式会社星光商事
1．本　　　　　店　　東京都××区××五丁目２番１号
1．登 記 の 事 由　　取締役、代表取締役及び監査役の変更
1．登記すべき事項　　別添ＣＤ－Ｒのとおり
1．登 録 免 許 税　　金３万円
1．添 付 書 類　　株主総会議事録　　　　　　　　　１通
　　　　　　　　　　取締役会議事録　　　　　　　　　１通
　　　　　　　　　　取締役及び代表取締役の就任承諾を
　　　　　　　　　　証する書面
　　　　　　　　　　　議事録の記載を援用する
　　　　　　　　　　辞　任　届　　　　　　　　　　　１通
　　　　　　　　　　監査役の就任承諾書　　　　　　　１通

　上記のとおり登記の申請をします。

　　平成２５年６月１日

　　　東京都××区××五丁目２番１号
　　　申　請　人　　株式会社星光商事

　　　東京都××区××七丁目３番２号
　　　代表取締役　　星　光男
　　　連絡先の電話番号　　０３－１２３４－５６７８

　東京法務局××出張所　御中

書式19　登記すべき事項の入力例（取締役、代表取締役及び監査役の変更）

「役員に関する事項」
「資格」取締役
「氏名」星光男
「原因年月日」平成２５年５月２７日重任
「役員に関する事項」
「資格」取締役
「氏名」崎岡円蔵
「原因年月日」平成２５年５月２７日重任
「役員に関する事項」
「資格」取締役
「氏名」井田善治
「原因年月日」平成２５年５月２７日重任
「役員に関する事項」
「資格」代表取締役
「住所」東京都××区××七丁目３番２号
「氏名」星光男
「原因年月日」平成２５年５月２７日重任
「役員に関する事項」
「資格」監査役
「氏名」村田一郎
「原因年月日」平成２５年５月２７日辞任
「役員に関する事項」
「資格」監査役
「氏名」田中次郎
「原因年月日」平成２５年５月２７日就任
「役員に関するその他の事項」（社外監査役）

書式20 監査役の辞任届例

辞 任 届

株式会社星光商事　御中

　私は、今般一身上の都合により、平成25年5月27日開催予定の第〇回定時株主総会の終結の時をもって、貴社監査役を辞任したく、お届けいたします。

平成25年5月1日

　　　（住所）　東京都××区××二丁目2番1号

　　　（氏名）　村田一郎　㊞

書式21 就任承諾書例（選任後就任承諾する場合）

就 任 承 諾 書

　株式会社星光商事　御中

　私は、平成25年5月27日開催の第〇回定時株主総会において、貴社の監査役に選任されましたので、その就任を承諾いたします。

　平成25年5月27日

　　　　（住所）　埼玉県〇〇市〇〇三丁目4番5号

　　　　（氏名）　田中次郎　㊞

書式22 就任承諾書例（株主総会の事前に就任承諾する場合）

就 任 承 諾 書

　株式会社星光商事　御中

　私は、平成25年5月27日開催予定の第〇回定時株主総会において、貴社監査役に選任された場合は、その就任を承諾いたします。

　平成25年5月1日

　　　　（住所）　埼玉県〇〇市〇〇三丁目4番5号

　　　　（氏名）　田中次郎　㊞

書式23 登記申請書例（取締役、代表取締役及び会計監査人の変更）

株式会社変更登記申請書

1．会社法人等番号	01××-01-1234××		
1．商　　　　号	株式会社星光商事		
1．本　　　　店	東京都××区××五丁目2番1号		
1．登記の事由	取締役、代表取締役及び会計監査人の変更		
1．登記すべき事項	別添CD-Rのとおり		
1．登録免許税	金3万円		
1．添 付 書 類	株主総会議事録	1通	
	取締役会議事録	1通	
	取締役崎岡円蔵及び井田善治の就任承諾を証する書面		
	株主総会議事録の記載を援用する		
	取締役丁原四郎の就任承諾書	1通	
	代表取締役の就任承諾を証する書面		
	取締役会議事録の記載を援用する		
	会計監査人の辞任届	1通	
	会計監査人の就任承諾書	1通	
	会計監査人の登記事項証明書	1通	
	印鑑証明書	×通	

　上記のとおり登記の申請をします。

　平成25年7月1日

　　　東京都××区××五丁目2番1号
　　　申　請　人　　株式会社　星光商事

　　　東京都××区××二丁目3番4号
　　　代表取締役　　崎岡　円蔵
　　　連絡先の電話番号　　03-1234-5678

　東京法務局××出張所　御中

書式24 登記すべき事項の入力例（取締役、代表取締役及び会計監査人の変更）

「役員に関する事項」
「資格」取締役
「氏名」星光男
「原因年月日」平成２５年６月２８日退任
「役員に関する事項」
「資格」取締役
「氏名」崎岡円蔵
「原因年月日」平成２５年６月２８日重任
「役員に関する事項」
「資格」取締役
「氏名」井田善治
「原因年月日」平成２５年６月２８日重任
「役員に関する事項」
「資格」取締役
「氏名」丁原四郎
「原因年月日」平成２５年６月２８日就任
「役員に関する事項」
「資格」代表取締役
「住所」東京都××区××七丁目３番２号
「氏名」星光男
「原因年月日」平成２５年６月２８日退任
「役員に関する事項」
「資格」代表取締役
「住所」東京都××区××二丁目３番４号
「氏名」崎岡円蔵
「原因年月日」平成２５年６月２８日就任
「役員に関する事項」
「資格」会計監査人
「氏名」有限責任監査法人ＡＢＣ
「原因年月日」平成２５年６月２８日辞任
「役員に関する事項」
「資格」会計監査人
「氏名」有限責任監査法人ＷＸＹ
「原因年月日」平成２５年６月２８日就任

書式25 印鑑届書

印鑑（改印）届書

※ 太枠の中に書いてください。

（注1）（届出印は鮮明に押印してください。） [印影：株式会社星光商事代表取締役之印]	商号・名称	株式会社星光商事
	本店・主たる事務所	東京都××区××五丁目2番1号
	印鑑提出者 資格	ⓒ代表取締役・取締役・代表理事・理事・（　　）
	氏名	崎岡　円蔵
	生年月日	明・大・㊝・平・西暦 30 年 3 月 3 日生
	会社法人等番号	01××-01-1234××

（注2）
- □ 印鑑カードは引き継がない。
- ☑ 印鑑カードを引き継ぐ。

印鑑カード番号 ○○○○-○○○○○○○

前任者　星　光男

届出人（注3）　☑ 印鑑提出者本人　□ 代理人

住所　東京都××区××二丁目3番4号

フリガナ　サキオカ　エンゾウ

氏名　崎岡　円蔵

（注3）の印 [個人の実印]

委任状

私は，(住所)
　　　　(氏名)
を代理人と定め，印鑑(改印)の届出の権限を委任します。

平成　　年　　月　　日

住所
氏名　　　　　　　　　　　　　　　印　[市区町村に登録した印鑑]

☑ 市区町村長作成の印鑑証明書は，登記申請書に添付のものを援用する。（注4）

（注1）印鑑の大きさは，辺の長さが1cmを超え，3cm以内の正方形の中に収まるものでなければなりません。

（注2）印鑑カードを前任者から引き継ぐことができます。該当する□にレ印をつけ，カードを引き継いだ場合には，その印鑑カードの番号・前任者の氏名を記載してください。

（注3）本人が届け出るときは，本人の住所・氏名を記載し，市区町村に登録済みの印鑑を押印してください。代理人が届け出るときは，代理人の住所・氏名を記載，押印（認印で可）し，委任状に所要事項を記載し，本人が市区町村に登録済みの印鑑を押印してください。

（注4）この届書には作成後3か月以内の**本人の印鑑証明書**を添付してください。登記申請書に添付した印鑑証明書を援用する場合は，□にレ印をつけてください。

印鑑処理年月日					
印鑑処理番号	受付	調査	入力	校合	

(乙号・8)

書式26　登記申請書例（取締役会設置会社における取締役及び代表取締役の変更）

株式会社変更登記申請書

１．会社法人等番号　　　０１××－０１－１２３４××
１．商　　　　　号　　　株式会社星光商事
１．本　　　　　店　　　東京都××区××五丁目２番１号
１．登記の事由　　　　　取締役及び代表取締役の変更
１．登記すべき事項　　　平成２５年５月１５日代表取締役である取締
　　　　　　　　　　　　役星光男死亡
　　　　　　　　　　　　平成２５年５月２７日次の者就任
　　　　　　　　　　　　取締役　　丁原四郎
　　　　　　　　　　　　東京都××区××二丁目３番４号
　　　　　　　　　　　　代表取締役　　崎岡円蔵
１．登録免許税　　　　　金１万円
１．添付書類　　　　　　定　　款　　　　　　　　　　　　　１通
　　　　　　　　　　　　株主総会議事録　　　　　　　　　　１通
　　　　　　　　　　　　代表取締役の互選を証する書面　　　１通
　　　　　　　　　　　　取締役の就任承諾書　　　　　　　　１通
　　　　　　　　　　　　代表取締役の就任承諾を証する書面
　　　　　　　　　　　　　　互選を証する書面の記載を援用する
　　　　　　　　　　　　印鑑証明書　　　　　　　　　　　　３通
　　　　　　　　　　　　死亡を証する書面　　　　　　　　　１通

　上記のとおり登記の申請をします。

　　平成２５年５月２８日

　　　東京都××区××五丁目２番１号
　　　申　請　人　　株式会社星光商事

　　　東京都××区××二丁目３番４号
　　　代表取締役　　崎岡　円蔵
　　　連絡先の電話番号　　０３－１２３４－５６７８

　東京法務局××出張所　御中

書式27 登記申請書例（取締役の解任）

株式会社変更登記申請書

1．会社法人等番号　　０１××－０１－１２３４××
1．商　　　　　号　　株式会社星光商事
1．本　　　　　店　　東京都××区××五丁目２番１号
1．登 記 の 事 由　　取締役の変更
1．登記すべき事項　　平成２５年７月３１日取締役井田善治解任
1．登 録 免 許 税　　金１万円
1．添 付 書 類　　　株主総会議事録　　　　　　　　　　１通

　上記のとおり登記の申請をします。

　　平成２５年８月１日

　　　東京都××区××五丁目２番１号
　　　申　請　人　　株式会社星光商事

　　　東京都××区××二丁目３番４号
　　　代表取締役　　星　光男
　　　連絡先の電話番号　　０３－１２３４－５６７８

　東京法務局××出張所　御中

第4章

役員等の報酬・行為等に関する議事録と登記

1 役員の報酬決定のしくみはどうなっているのか

会社財産を守る観点から規制がなされている

● 取締役の報酬はどのように決まるのか

　取締役と会社の関係は、民法の委任に関する規定に従うため、その報酬については無償が原則とされていますが、実際には報酬を受けるのが一般的です。

　そして、取締役の報酬、賞与その他の職務執行の対価として会社から受ける財産上の利益（以下、「報酬等」といいます）については、定款でこれを定めていないときは、株主総会の決議をもって決定する必要があります（会社法361条1項）。取締役が、自分の報酬を自分で決めることができるとすると、いわゆる「お手盛り」の弊害が生じ、会社に不利益を与える可能性があるからです。

　なお、具体的な報酬額などについては、個々の取締役ごとに定める必要はなく、取締役全員の年間報酬の最高限度額又は総額を定めればよいとされているので、定款や株主総会では、全体の最高限度額や総額を定めるのが一般的です。

　また、役員報酬の税務上の取扱いについては、会社がその役員に対して支給する給与のうち支給時期が1か月以下の一定期間ごとで、かつ、その事業年度内の各支給時期における支給額が同額である給与（定期同額の給与）等、一定の要件を満たすものは、法人税法上、損金として算入することが認められています。

● 監査役・会計参与の報酬はどのように決まるのか

　監査役の報酬等は、定款でこれを定めていないときは、株主総会の決議で決定する必要がありますが、監査役は、株主総会において、その報酬等についての意見を述べることができるとされています（会社

法387条)。

なお、監査役が複数いる場合において、定款又は株主総会の決議で各監査役の報酬額についての定めがないときは、その報酬総額の範囲内で、監査役の協議又は監査役会の決議によって定めます。

また、会計参与の報酬等についても、監査役と同様の規定が置かれています(会社法379条)。

◉ 会計監査人の報酬はどのように決まるのか

会計監査人は、会社の役員ではなく、外部機関という位置づけのため、この報酬等は、業務執行の一環として、取締役が決定することとされています。ただし、取締役が会計監査人の報酬等を決定する場合には、監査役の過半数、監査役会、若しくは監査委員会の同意を得なければなりません(会社法399条)。

会計監査人は、取締役を含め会社を監査する立場にあるので、その独立性を確保するために、取締役の一存だけでは会計監査人の報酬を決定できないしくみになっています。

■ 取締役の報酬決定のしくみ

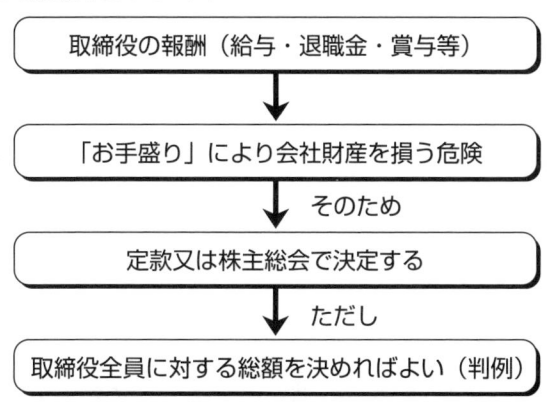

```
取締役の報酬(給与・退職金・賞与等)
          ↓
「お手盛り」により会社財産を損う危険
          ↓ そのため
定款又は株主総会で決定する
          ↓ ただし
取締役全員に対する総額を決めればよい(判例)
```

2 取締役や監査役の職務についての法律知識

会社の健全な経営のため、さまざまな規制がなされている

● 会社に対する責任にはどのようなものがあるのか

取締役、監査役、会計参与又は会計監査人等は、その任務を怠って（善管注意義務・忠実義務違反）会社に損害を与えた場合には、会社に対して損害賠償責任を負います（会社法423条1項）。このように、会社の機関として職務を行う者は、忠実にその職務を執行しなければならず、これを怠った場合には、責任を負わなければなりません。

● 会社に対する損害賠償責任の免除

取締役、監査役、会計参与、又は会計監査人が、その任務を怠ったことによって会社に対する損害賠償責任が生じた場合、総株主の同意がなければその責任を免除することができません（会社法424条）。

また、総株主の同意が得られない場合であっても、取締役、監査役、会計参与、又は会計監査人がその職務を行うにつき善意で（任務懈怠等について知らずに）かつ重大な過失がないときは、株主総会の特別決議（22ページ）によって、その責任を一定の額まで免除することができます（会社法425条1項）。

さらに、一定の要件を満たす会社においては、定款で定めることによって、取締役会の会議（取締役会非設置会社の場合は取締役の過半数の同意）で責任の一定額について、免除することが可能です（会社法426条1項）。

● 責任限定契約とは

会社は、定款に社外取締役、社外監査役、会計参与及び会計監査人との間で、これらの者がその職務を行うにつき善意で、かつ、重大な

過失がない場合に、会社に対して負う責任の限度を一定の額までとする契約（責任限定契約）を結ぶことができる旨の規定を置くことが可能です。

● 取締役の競業取引の制限

取締役が自己又は第三者のために会社の事業の部類に属する取引をするときは、株主総会（取締役会設置会社では取締役会）の承認が必要とされます。承認を受けなかった場合、その取引によって取締役や第三者が得た利益の額が会社に生じた損害額として推定され（会社法423条2項）、取締役はこれを賠償する責任を負います。

● 取締役の利益相反取引の制限

取締役が自己又は第三者のために会社と取引する場合（直接取引）、又は、会社が取締役の債務を保証するなど、取締役以外の者との間において会社とこの取締役との利益が相反する取引をする場合（間接取引）には、株主総会（取締役会設置会社では取締役会）の承認が必要です。また、利益相反取引によって会社に損害が生じた場合にも、取締役は会社に対して損害賠償責任を負います（会社法423条1項3項）。この責任は、通常、自己の無過失を立証することで免れることができますが、取締役が自己のために会社と直接取引をした場合には、無過失の場合でも責任を負うことになります（会社法428条）。

● 取締役会の職務について

取締役会は、すべての取締役で組織され、会社の業務執行の決定、取締役の職務執行の監督、代表取締役の選定及び解職を行います。

通常の業務執行の委嘱は各取締役に委嘱することが可能とされていますが、会社にとって重要な業務執行の決定は各取締役に委任することはできません。具体的には、取締役会は、①重要な財産の処分及び

譲受け、②多額の借財、③支配人その他重要な使用人の選任及び解任、④支店その他重要な組織の設置、変更及び廃止、⑤定款の定めに基づく取締役会の決議による責任の免除等については、会社にとって非常に重要なため、各取締役に委任することができないとされています（会社法362条4項）。

● 監査役の権限と義務について

　監査役は、取締役等の業務執行を監査する業務監査権と、会社の財産状況を監査する会計監査権を有し、その監査のため、取締役や支配人等に対し事業の報告を求め、会社の業務及び財産の状況を調査することができます。また、必要があるときは、子会社に対しても事業の報告を求め、子会社の業務及び財産の状況を調査することができます。また、業務監査権と会計監査権を有する監査役の義務としては、主に取締役の不正行為や法令・定款に違反する事実がある場合の取締役への報告義務や、取締役会への出席義務などがあります。

　なお、非公開会社であって、監査役会、会計監査人を置かない会社の場合には、定款で定めることにより、その権限の範囲を会計監査権のみとすることができます（72ページ）。

● 監査役会の職務について

　監査役会は、すべての監査役で組織され、監査の方針、会社の業務及び財産の状況の調査方法など、監査役の職務の執行に関する事項を決定します。ただし、監査役が公正な監査をするために、その職務の独立性を確保する必要があることから、この決定は、監査役の権限の行使を妨げることはできません。

　また、監査役会は、その他、監査報告の作成、常勤監査役の選定及び解職といった職務を行います。

3 報酬・退職金についての議案作成の注意点

役員報酬の改定には、株主総会決議が必要

● 取締役・監査役の報酬額を改定する場合の株主総会議案例（書式１）

　取締役又は監査役の報酬等に関する事項を定める場合には、株主総会の決議において、①報酬等のうち額が確定しているものについてはその額、②額が確定していないものについてはその具体的な算定方法、③金銭でないものについてはその具体的な内容を定めなければなりませんが、取締役全員又は監査役全員の年間総額又は月額総額が定められることが一般的です。

● 取締役の報酬額を決定する場合の取締役会議案例（書式２）

　株主総会で定められた報酬総額の範囲内で、具体的な支給額等を決定した場合の取締役会議案例です。なお、その決定を取締役会の決議で代表取締役に一任することは可能とされています。

● 取締役の報酬の減額を行う場合の取締役会議案例（書式３）

　判例によると、取締役の報酬をその取締役の同意なく一方的に減額することはできないとされています。取締役会の報酬を減額する場合には、「取締役報酬額改定の件」として、減額の対象となる役員と、減額する額を明記するとよいでしょう。

● 取締役の報酬を増額する株主総会議案例（書式４）

　書式１のとおり、株主総会では、各取締役の報酬まで具体的に決めず、取締役全体の報酬総額を決めるという方法も可能ですが、書式４のように各取締役に対する個別報酬額まで株主総会の決議で決定することも可能です。

● 退職慰労金の贈呈を決定する株主総会・取締役会議案例（書式5、6）

　退職慰労金も「職務執行の対価として会社から受ける財産上の利益」に該当しますので、取締役会のみで支給を決定することはできず、役員報酬と同じように株主総会で決議する必要があります。

　書式5のように、退任取締役の勤続年数、担当業務等から算出する会社の一定の基準に従って退職慰労金を贈呈することを取締役会に一任することは可能とされています。

● 監査役の報酬を決議する場合の監査役会議案例（書式7）

　監査役の報酬は、定款又は株主総会で決議された総額の範囲内で監査役の協議（監査役会設置会社の場合は監査役会の決議）によって定めることとされています（会社法387条2項）。取締役会の決議で定めることはできませんので注意してください。

● 役員に対する賞与を決定する場合の株主総会議案例（書式8）

　役員の賞与についても、役員報酬、退職慰労金と同様に「職務執行の対価として会社から受ける財産上の利益」に該当しますので、株主総会の決議で定める必要があります。

書式1 株主総会議案例（取締役・監査役の報酬額の改定）

　　　　　　第○号議案　　取締役の報酬額改定の件

　議長は、取締役の報酬額は平成○年○月○日開催の第○期定時株主総会において年額金1000万円以内と承認されているが、その後の経済情勢の変化及び諸般の事情を考慮して、取締役の報酬額を年額金2000万円以内（従来どおり使用人兼務取締役の使用人分の給与は含まない）としたい旨を提案し、その可否を議場に諮ったところ、満場一致をもって承認可決された。

　　　　　　第○号議案　　監査役の報酬額改定の件

　議長は、監査役の報酬額は平成○年○月○日開催の第○期定時株主総会において年額金500万円以内と承認されているが、その後の経済情勢の変化及び諸般の事情を考慮して、監査役の報酬額を年額金1000万円以内としたい旨を提案し、その可否を議場に諮ったところ、満場一致をもって承認可決された。

書式2 取締役会議案例（取締役の報酬額の決定）

第○号議案　取締役の報酬額決定の件

　議長は、平成25年5月27日開催の第×期定時株主総会において取締役の報酬額を年額2000万円以内とする第○号議案が承認可決されたことを受けて、本取締役会において具体的な支払額と支払時期、支払方法について定める必要がある旨の説明をし、その決定方法を議場に諮ったところ、崎岡円蔵取締役よりすべて代表取締役星光男に一任としたい旨の提案があった。
　各取締役への支払額・支払時期・支払方法をすべて代表取締役星光男に一任とする提案について、議長がその可否を議場に諮ったところ、全員一致でこの提案に賛成した。議長である星光男代表取締役は上記の賛成を受けて、別添資料のとおり、各取締役への支払額と支払時期、支払方法について決定した。

書式3 取締役会議案例（取締役の報酬の減額）

第○号議案　取締役報酬額改定の件

　議長は、平成25年5月27日開催の定時株主総会の決議により承認を受けた範囲内で、平成25年6月1日以降、各取締役の報酬月額を下記のとおり減額変更したい旨提案し、その詳細につき説明した。
　議長が本議案の賛否を議場に諮ったところ、全員異議なく承認可決した。

記

1．代表取締役　　星光男　　　　月額金130万円
　　　　　　　　　　　　　　　（改定前月額金150万円）
1．取締役　　　　崎岡円蔵　　　月額金80万円
　　　　　　　　　　　　　　　（改定前月額金90万円）
1．取締役　　　　井田善治　　　月額金80万円
　　　　　　　　　　　　　　　（改定前月額金90万円）

書式4 株主総会議案例（取締役の報酬の増額）

第○号議案　取締役報酬額改定の件

　議長は、平成25年6月1日以降、経済事情等諸般の事情を考慮して、各取締役の報酬月額を下記のとおり増額変更したい旨を提案し、その詳細につき説明した。
　議長が本議案の賛否を議場に諮ったところ、出席株主は満場一致をもって承認可決した。

記

取締役　　　甲野一郎　　　月額金40万円　→　月額金45万円
取締役　　　乙野二郎　　　月額金50万円　→　月額金55万円

書式5 株主総会議案例（退職慰労金贈呈の件）

第○号議案　退任取締役に対する退職慰労金贈呈の件

　議長は、本総会終結の時をもって取締役を退任される丁原四郎氏に対し、その在任中の功労に報いるため、当社の定める一定の基準に従い、相当額の範囲内で退職慰労金を贈呈したい旨、また、その具体的金額、贈呈の時期、方法等は取締役会一任とされたい旨を述べ、その承認の可否を議場に諮ったところ、出席株主は満場一致をもってこれを承認可決した。

書式6 取締役会議案例（退職慰労金贈呈の件）

第○号議案　退任取締役に対する退職慰労金贈呈の件

　議長は、本日開催の第○期定時株主総会の第○号議案で承認された丁原四郎氏に対する退職慰労金の件については、当社退職慰労金規程に従い下記のとおり贈呈したい旨を述べ、議場に諮ったところ、出席取締役は全員異議なくこれを承認可決した。

記

退職慰労金の額　　金○万円
贈呈時期・方法等　代表取締役に一任する。

書式7 監査役会議案例（監査役の報酬を決定する場合）

第○号議案　監査役の報酬額決定の件

　議長は、平成○年○月○日開催の第○回定時株主総会において監査役の報酬額を年額1000万円以内とする第○号議案が承認可決されたことを受けて、本監査役会において具体的な支払額と支払時期、支払方法について協議する必要がある旨の説明をし、慎重協議した結果、全員一致をもって下記のとおり各監査役への支給額を決定した。

記

1．村田一郎（常勤監査役）　　金　　100万円
1．鈴木次郎（　　同　　）　　金　　100万円
1．佐藤三郎（社外監査役）　　金　　 80万円
1．丁原四郎（　　同　　）　　金　　 80万円
1．戊山五郎（　　同　　）　　金　　 80万円

書式8 株主総会議案例（役員賞与支給の件）

第○号議案　第○期役員賞与支給の件

　議長は、当事業年度末時点の取締役5名及び監査役2名に対し、当事業年度の業績等を勘案して、役員賞与総額金1000万円（取締役分金800万円、監査役分金200万円）を支給したい旨、また各取締役への支給額については取締役会の決議に、各監査役の支給額については監査役の協議に一任とされたい旨を述べ、その承認の可否を議場に諮ったところ、満場一致をもって承認可決された。

4 役員の責任・行為についての書式作成の注意点

取締役会の専決事項を把握することが重要になる

● 取締役等の会社に対する責任の免除に関する規定の設定に関する株主総会議案例（書式9）

役員の責任免除に関する規定は、定款の相対的記載事項（206ページ）なので、新たに設定する場合は、株主総会決議による定款変更が必要となります。また、取締役は株主総会にこの議案を提出するためには、監査役の同意を得なければならないとされています。

● 取締役等の会社に対する責任の免除に関する規定の設定に関する登記申請書例（書式10、書式11）

取締役等の会社に対する責任の免除に関する規定の設定の登記申請書の添付書類は株主総会議事録のみです。また、登録免許税は、登記申請1件につき3万円です。登記すべき事項は、基本的には新設した定款の条項どおりに記載しましょう。

● 社外取締役等の責任限定契約に関する規定の設定に関する株主総会議案例（書式12）

役員の責任免除に関する規定と同様、定款の相対的記載事項（206ページ）なので、新たに社外取締役等の責任限定契約に関する規定の設定をする場合には、株主総会決議による定款変更が必要となります。

● 社外取締役等の責任限定に関する規定の設定に関する登記申請書例（書式13、書式14）

社外取締役等の責任限定に関する規定の設定の登記申請書の添付書類は株主総会議事録のみです。また、登録免許税は、登記申請1件に

つき3万円です。登記すべき事項は、基本的には新設した定款の条項どおりに記載しますが、書式14のように少しアレンジをすることは可能です。

● 取締役の競業取引の承認に関する取締役会議案例（書式15）

競業取引をする取締役は会社と特別の利害関係を有する取締役となるため、議決に加わることができません。また、競業取引をする取締役が取締役会の決議に影響を及ぼさないよう、決議を諮る際は、競業取引をする取締役は退席するなどの対応をすべきでしょう。

● 取締役の利益相反取引の承認に関する取締役会議案例（書式16）

利益相反取引をする取締役は、会社と特別の利害関係を有する取締役となるため、議決に加わることはできません。書式15と同様の理由で、利益相反取引をする取締役が議長であった場合、利益相反取引の承認の議案については、議長を交代し、退席するなどの対応をすべきでしょう。

● 重要な財産の譲受けに関する取締役会議案例（書式17）

取締役会設置会社において、重要な財産の処分・譲受けは取締役会の決議による必要がありますが、取引内容の詳細については書式17のように代表取締役に一任することも可能とされています。

● 多額の借財を行う場合の取締役会議案例（書式18）

取締役会設置会社において、多額の借財を行う場合には取締役会の決議が必要です。多額かどうかは会社の規模などによっても異なりますが、後日問題とならないよう、たとえ多額ではない場合であったとしても取締役会の決議を得ておくのがよいかもしれません。

● 支店の設置に関する取締役会議案例（書式19）

　取締役会設置会社において、支店の設置、その他重要な組織の設置、変更及び廃止をする場合は、取締役会の決議が必要です。

　支店の設置をした場合は、登記申請をする必要があり、取締役会議事録が添付書類となるので、①支店の所在地、②支店の設置日を取締役会議事録に明記しましょう。

● 支店設置登記申請書例（書式20、書式21）

　支店設置登記申請書の添付書類は、取締役会議事録（取締役会非設置会社の場合は取締役決定書）のみです。本店所在地を管轄する登記所の管轄区域外に支店を初めて設置した場合、会社は支店の所在地を管轄する登記所にも支店設置の登記を申請しなければなりません（会社法930条1項）。支店所在地を管轄する登記所において登記すべき事項は、①商号、②本店の所在地、③支店の所在地、④会社成立の年月日です（会社法930条2項、商業登記法48条2項）。支店名は取締役会決議で定めたとしても登記をすることができません。

　支店の所在地を管轄する登記所への支店設置の登記は、本店の所在地を管轄する登記所で支店設置の登記が完了した後に、登記完了後の登記事項証明書を添付して別途登記申請することもできますが、書式20、書式21のように本店所在地を管轄する登記所に対して、支店所在地を管轄する登記所への申請も一括して行うことが可能です（登記手数料が300円かかります）。

　本店を管轄する登記所の管轄区域外に支店を設置した後、商号や本店の移転等支店所在地を管轄する登記所において登記すべき事項の変更をした場合には、支店所在地を管轄する登記所に対しても3週間以内に登記申請をしなければならないため、注意が必要です。

● 支配人の選任に関する取締役会議案例（書式22）

　支配人とは、会社の代表者に代わって支店の事業（本店に支配人を選任した場合は本店の事業）に関する一切の裁判上又は裁判外の行為をする権限を有する商業使用人のことです。取締役会設置会社において、支配人、その他重要な使用人の選任及び解任をする場合は、取締役会の決議が必要です。

　支配人を選任した場合は、登記申請をする必要があり、取締役会議事録が添付書類となるので、①支配人の住所・氏名、②支配人を置いた営業所（支店）を取締役会議事録に明記しましょう。

● 支配人選任登記申請書例（書式23、書式24）

　支配人を選任した場合は、本店所在地を管轄する登記所に支配人選任の登記申請をする必要があります（会社法918条）。支配人を選任した場合の登記事項は、①支配人の住所・氏名、②支配人を置いた営業所（支店）の住所の2点であり、支店名を定めていたとしても支配人を置いた支店名を登記することはできません。また、支配人選任の登記申請書に支配人の就任承諾書を添付する必要はありません。

● 支配人の印鑑の届出に関する会社の保証書（書式25）

　支配人を選任した場合、その支配人は支配人の印鑑を登記所に届け出ることが可能です。支配人の印鑑を登記所に届け出る場合は、印鑑届書（102ページ）に加え、書式25の保証書が必要となります。

　印鑑届書の（注1）の欄に支配人の届け出る印鑑を、（注3）の欄に支配人の印鑑（実印である必要はありません）を押印し、保証書の左上の欄にも支配人の届け出る印鑑を押印し、保証書の末尾に会社代表印を押印します。支配人の届け出た印鑑についても、会社代表印と同様、登記所で印鑑証明書を所得することが可能となります。

書式9 株主総会議案例（取締役等の会社に対する責任の免除に関する規定の設定）

議案　　定款一部変更の件

　議長は、当社の定款を一部変更し、第29条として下記条項を新設（現行定款第29条以下、1条ずつ繰り下げ）したい旨を述べ、また、本議案については監査役の同意を得ている旨を説明した。ついで議長が、本議案の賛否を議場に諮ったところ、満場一致をもって原案どおり承認可決された。

記

（取締役等の責任免除）
第29条　当会社は、会社法第426条第1項の規定により、取締役会の決議によって、同法第423条第1項の取締役（取締役であった者を含む）の賠償責任について、同法425条1項の定める限度額の範囲内で、その責任を免除することができる。
　　2　当会社は、会社法第426条第1項の規定により、取締役会の決議によって、同法第423条第1項の監査役（監査役であった者を含む）の賠償責任について、同法425条1項の定める限度額の範囲内で、その責任を免除することができる。

書式10 登記申請書例（取締役等の会社に対する責任の免除に関する規定の設定）

株式会社変更登記申請書

1．会社法人等番号　　０１××－０１－１２３４××
1．商　　　　　号　　株式会社星光商事
1．本　　　　　店　　東京都××区××五丁目２番１号
1．登 記 の 事 由　　取締役等の会社に対する責任の免除に関する
　　　　　　　　　　規定の設定
1．登記すべき事項　　別添ＣＤ－Ｒのとおり
1．登 録 免 許 税　　金３万円
1．添 付 書 類　　株主総会議事録　　　　　　　　　１通

　上記のとおり登記の申請をします。

　　平成２５年５月２８日

　　　東京都××区××五丁目２番１号
　　　申　請　人　　株式会社星光商事

　　　東京都××区××七丁目３番２号
　　　代表取締役　　星　光男
　　　連絡先の電話番号　　０３－１２３４－５６７８

　東京法務局××出張所　御中

第4章　役員等の報酬・行為等に関する議事録と登記

| 書式11 | 登記すべき事項の入力例（取締役等の会社に対する責任の免除に関する規定の設定） |

「取締役等の会社に対する責任の免除に関する規定」
当会社は、会社法第４２６条第１項の規定により、取締役会の決議によって、同法第４２３条第１項の取締役（取締役であった者を含む）の賠償責任について、同法４２５条１項の定める限度額の範囲内で、その責任を免除することができる。
当会社は、会社法第４２６条第１項の規定により、取締役会の決議によって、同法第４２３条第１項の監査役（監査役であった者を含む）の賠償責任について、同法４２５条１項の定める限度額の範囲内で、その責任を免除することができる。
「原因年月日」平成２５年５月２７日設定

書式12 株主総会議案例(社外取締役等の責任限定契約に関する規定の設定)

第○号議案　定款一部変更の件

　議長は、下記のとおり定款を一部変更したい旨を述べ、また本議案については監査役の同意を得ている旨を報告した。
　ついで、議長は本議案の承認の可否について議場に諮ったところ、出席株主は満場一致でこれを承認可決した。

記

（下線は変更箇所を示す）

現行定款	変更案
第１条～第28条（条文省略）	第１条～第28条（現行どおり）
［新設］	(社外取締役との責任限定契約) 第29条　当会社は、会社法第427条第１項の規定により社外取締役との間で、当会社に対する損害賠償責任に関する契約を締結することができる。ただし、当該契約に基づく賠償責任の限度額は、法令の定める最低責任限度額とする。
第29条～第33条（条文省略）	第30条～第34条（現行どおり）
［新設］	(社外監査役との責任限定契約) 第35条　当会社は、会社法第427条第１項の規定により社外監査役との間で、当会社に対する損害賠償責任に関する契約を締結することができる。ただし、当該契約に基づく賠償責任の限度額は、法令の定める最低責任限度額とする。
第34条～第36条（条文省略）	第36条～第38条（現行どおり）

書式13 登記申請書例（社外取締役等の責任限定契約に関する規定の設定）

株式会社変更登記申請書

1. 会社法人等番号　　０１××－０１－１２３４××
1. 商　　　　　号　　株式会社星光商事
1. 本　　　　　店　　東京都××区××五丁目２番１号
1. 登 記 の 事 由　　社外取締役等の会社に対する責任の制限に関する規定の設定
1. 登記すべき事項　　別添ＣＤ－Ｒのとおり
1. 登 録 免 許 税　　金３万円
1. 添 付 書 類　　株主総会議事録　　１通

上記のとおり登記の申請をします。

　　平成２５年５月３０日

　　　東京都××区××五丁目２番１号
　　　申　請　人　　株式会社星光商事

　　　東京都××区××七丁目３番２号
　　　代表取締役　　星　光男
　　　連絡先の電話番号　０３－１２３４－５６７８

東京法務局××出張所　御中

書式14 登記すべき事項の入力例(社外取締役等の責任限定契約に関する規定の設定)

「社外取締役等の会社に対する責任の制限に関する規定」
当会社は、会社法第427条第1項の規定により社外取締役・社外監査役との間で、当会社に対する損害賠償責任に関する契約を締結することができる。ただし、当該契約に基づく賠償責任の限度額は、法令の定める最低責任限度額とする。
「原因年月日」
平成25年5月27日設定

書式15 取締役会議案例（取締役の競業取引の承認）

第〇号議案　競業取引承認の件

　議長は、当社取締役甲野一郎が代表取締役を務める株式会社ＸＹＺが、今般〇〇事業を行うことになったこと、また〇〇事業で行う取引が当社の事業の部類に属することとなる旨を議場に説明した。

　議長は取締役甲野一郎に対して、報告を求めたところ、取締役甲野一郎は、当該事業に関する重要事項を議場に開示・報告した。

　ついで、議長は、取締役甲野一郎が競業取引をすることについて、会社法第356条第1項第1号並びに会社法第365条第1項に基づき、取締役会の承認が必要な旨を述べ、本議案に特別利害関係を有する取締役甲野一郎に退席を求めた。

　取締役甲野一郎の退席後、議場は本議案の承認の可否を諮ったところ、議決に加わることのできる取締役全員の一致をもって、本議案は承認可決された。

書式16 取締役会議案例（取締役の利益相反取引の承認）

　　　　第○号議案　不動産の売買に係る利益相反取引承認の件

　本議案について、議長である代表取締役社長星光男は特別利害関係を有するため、取締役全員の賛成により、崎岡円蔵に議長が交代し、代表取締役社長星光男は退席した。

　議長は、当社の代表取締役社長星光男が所有する不動産を当社で購入し、当社の○○センターを建設するため、下記要項で代表取締役星光男と「不動産売買契約書」を締結したい旨を述べ、また、その理由を詳細に説明した。
　ついで、議長は会社法第356条第1項第2号並びに会社法第365条第1項に基づき、議場に当該契約締結の承認の可否を諮ったところ、議決に加わることのできる取締役全員の一致をもって、本議案は承認可決された。

　　　　　　　　　　　　　　記
1．不動産の表示
　　所　在　　埼玉県○○市○○一丁目
　　地　番　　1番1
　　地　目　　雑種地
　　地　積　　○○．○○㎡（約○坪）
2．取引の相手方　　星光男（当社代表取締役社長）
3．売買代金　　　　金○万円
4．契約締結日　　　平成○年○月○日（予定）
5．最終代金決済日　平成○年○月下旬（予定）
6．その他の事項　　別紙「不動産売買契約書」記載のとおり

　なお、本議案につき、特別利害関係を有する星光男は、退席しているため、議決に参加しておらず、また定足数にも算定していない。

書式17 取締役会議案例（重要な財産の譲受け）

第○号議案　○○支店用地の取得の件

　議長は、平成25年○月○日開催の第○会取締役会第○号議案において全員一致で承認可決した当社○○支店用地の取得の件について、取締役乙野次郎に対して報告を求めたところ、取締役乙野次郎から別添資料1について詳細な報告がなされた。

　ついで、議長は、下記のとおり当社○○支店用地を取得することの可否を議場に諮ったところ、出席取締役全員の一致により承認可決された。

記

1．取得する土地
　　　神奈川県横浜市○○区○○一丁目2番3の土地他○筆
　　　（住居表示：神奈川県横浜市○○区○○一丁目○番○号他）
　　　合計○㎡
2．取得価格
　　　金○円
3．所有者（取引の相手方）
　　　○○県○○八丁目9番12号
　　　株式会社ＡＢＣ不動産
4．取得時期・その他詳細な取引条件
　　　代表取締役社長甲野一郎に一任するものとする。

書式18 取締役会議案例（多額の借財を行う場合）

第○号議案　不動産取得資金の借入れの件

　議長は、平成○年○月○日開催の第○会取締役会第○号議案で可決した当社○○支店用地の取得について、その取得のために借入れを行う必要がある旨を述べ、当該借入れについては、株式会社○○銀行より、下記要項で行いたい旨を提案し、議場にその資料を提出した。
　ついで議長が当該提案の承認の可否を議場に諮ったところ、出席取締役全員の賛成により、議長の提案どおり承認可決された。

記

1．借入先　　　株式会社○○銀行（本店：東京都××区××一丁目１番１号）
2．借入額　　　金○円
3．利　息　　　年○％
4．借入予定日　平成○年○月○日
5．返済期間　　平成○年○月○日から平成○年○月○日
6．その他　　　別紙のとおり

　なお、詳細な取引条件等については、代表取締役甲野一郎の決定に一任する。

書式19 取締役会議案例（支店の設置）

第○号議案　　横浜支店設置の件

　議長は、下記要項で当社横浜支店を設置したい旨を述べ、その可否を議場に諮ったところ、出席取締役は全員一致をもってこれを承認可決した。

記

1．支店の所在地
　　神奈川県横浜市○○区○○一丁目1番1号
2．横浜支店の事業エリア
　　神奈川県全域
3．支店設置日
　　平成25年9月2日

| 書式20 | 登記申請書例（支店の設置〈本支店一括申請〉）|

```
会社法人等番号　株式会社－１２３４××

              株式会社支店設置登記申請書

１．商　　　　号　　株式会社星光物産
１．本　　　　店　　東京都××区××七丁目８番９号
１．支　　　　店　　管轄登記所　横浜地方法務局
                    支店の所在地　横浜市〇〇区〇〇一丁目１番
                                  １号
１．登 記 の 事 由　　支店設置
１．登記すべき事項　　別添ＣＤ－Ｒのとおり
１．登 録 免 許 税　　金６万９０００円
                    内訳　本店所在地分　金６万円
                          支店所在地分　金９０００円
１．登 記 手 数 料　　金３００円
      納付額合計　　金６万９３００円
１．添 付 書 類　　取締役会議事録　　　　　　　　　　１通

上記のとおり登記の申請をします。

　平成２５年９月２日

　　東京都××区××七丁目８番９号
　　申　請　人　　株式会社星光物産

　　東京都××区××八丁目９番１０号
　　代表取締役　　甲野　一郎
　　連絡先の電話番号　03－1234－5678

東京法務局××出張所　御中
```

第4章　役員等の報酬・行為等に関する議事録と登記

書式21 登記すべき事項の入力例（支店の設置〈本支店一括申請〉）

（本店所在地の登記所における登記すべき事項）
「支店番号」1
「支店の所在地」横浜市〇〇区〇〇一丁目1番1号
「原因年月日」平成25年9月2日設置
（支店所在地の登記所における登記すべき事項）
「商号」株式会社星光物産
「本店」東京都××区××七丁目8番9号
「会社成立の年月日」平成4年4月7日
「支店番号」1
「支店所在地」横浜市〇〇区〇〇一丁目1番1号
「登記記録に関する事項」平成25年9月2日支店設置

書式22 取締役会議案例（支配人の選任）

第〇号議案　〇〇支店の支配人選任の件

　議長は、業務の都合上、横浜支店（所在：横浜市〇〇区〇〇一丁目1番1号）に支配人（支店長）を置きたい旨を述べ、議場に諮ったところ、出席取締役は全員一致で下記の者を支配人（支店長）に選任することを可決確定した。

記

（住所）横浜市△区△二丁目3番4号
（氏名）狩山　光子

書式23　登記申請書例（支配人の選任）

会社法人等番号　株式会社－１２３４××

株式会社支配人選任登記申請書

１．商　　　　　号　　株式会社星光物産
１．本　　　　　店　　東京都××区××七丁目８番９号
１．登記の事由　　支配人選任
１．登記すべき事項　　別添ＣＤ－Ｒのとおり
１．登録免許税　　金３万円
１．添　付　書　類　　取締役会議事録　　　　　　　　１通

上記のとおり登記の申請をします。

　平成２５年１０月１日

　　東京都××区××七丁目８番９号
　　申　請　人　　株式会社星光物産

　　東京都××区××八丁目９番１０号
　　代表取締役　　甲野　一郎
　　連絡先の電話番号　０３－１２３４－５６７８

東京法務局××出張所　御中

書式24 登記すべき事項の入力例（支配人の選任）

「支配人に関する事項」
「住所」横浜市△区△二丁目3番4号
「氏名」狩山光子
「営業所」横浜市○○区○○一丁目1番1号

書式25 支配人の印鑑の届出に関する会社の保証書

保　証　書

届け出る支配人の印鑑

商　　号　　株式会社星光物産
支配人を置いた営業所
　　　　　　横浜市○○区○○一丁目1番1号
支 配 人　　狩山　光子
生年月日　　昭和○○年○○月○○日

上記印鑑が当社支配人　狩山　光子　の印鑑に相違ないことを保証します。

平成25年10月1日

　　　　　　　　　東京都××区××七丁目8番9号
　　　　　　　　　株式会社星光物産
　　　　　　　　　代表取締役　甲野　一郎　㊞

第5章

株式に関する議事録と登記

1 株式についての法律知識

株式とは株主としての地位のことである

● 株式の譲渡制限規定とは

　株式とは、株式会社の出資者である株主の地位のことです。会社の出資者である株主の地位を細分化することで、多数の者が容易に会社の出資に参加できるようになります。そして、原則として株主は所有する株式を自由に譲渡することができ、譲渡することで出資した資本を回収することが可能です。

　株主は、会社に対しいったん出資した金銭等の払戻しを請求することができません。前述したように、株式を譲渡することで、会社に出資した資本を回収することができるからです。株式の譲渡は原則として自由ですが、たとえば規模の小さい会社の場合には、株式の譲渡が自由に行われてしまうと、会社の運営上好ましくない第三者が株主になってしまうなどの不都合が生じてしまうおそれがあります。

　そこで、「株式を譲渡により取得することについては会社の承認を要する」旨の定款の規定（株式の譲渡制限規定）を設けることが可能とされています（譲渡を完全に禁止することはできません）。

　この譲渡の承認機関は、取締役会非設置会社においては株主総会、取締役会設置会社においては取締役会であるのが原則ですが、定款で定めることで譲渡承認機関を代表取締役などにすることも可能です。

　本来譲渡が自由であるべき株式の譲渡に制限を設けると、株主が出資した資本を簡単に回収できなくなってしまうおそれがあります。したがって、譲渡制限規定を設けるための定款変更には、株主総会の特殊決議（22ページ）が必要な他、定款変更の効力発生日の20日前までに株主等に通知又は公告をする必要があるなどの厳格な手続きが必要とされています。

譲渡制限規定が設定されている会社の株主が株式を譲渡しようとするときは、会社に譲渡の承認を請求することができます。株式の譲渡の承認請求があった場合、原則として、会社はその譲渡を承認するか、承認をしない場合には、会社による株式の買取り、又は、代わりに株式を買い取る者を指定しなければなりません（会社法140条）。

株式の譲渡制限規定を設けるかどうかは、会社の機関設計などに大きく影響します。たとえば、株式の譲渡制限規定を設けない公開会社は取締役会を廃止したり、取締役の任期を10年まで伸長したりすることはできません。

● 株式の消却とは

株式の消却とは、会社が保有する自己株式を消滅させることです（会社法178条）。取締役会設置会社においては取締役会、取締役会非設置会社では取締役の決定で自己株式を消却することが可能です。

■ 株式の譲渡承認の手続き

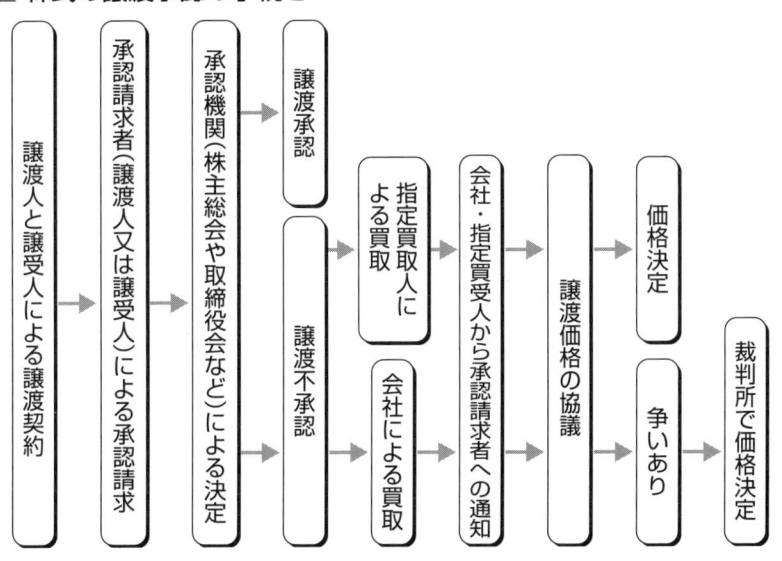

譲渡人と譲受人による譲渡契約 → 承認請求者（譲渡人又は譲受人）による承認請求 → 承認機関（株主総会や取締役会など）による決定 → 譲渡承認／譲渡不承認

譲渡不承認 → 指定買取人による買取／会社による買取 → 会社・指定買受人から承認請求者への通知 → 譲渡価格の協議 → 価格決定／争いあり → 裁判所で価格決定

● 株式の併合・分割とは

　会社は、割合を定めて発行済の株式を併合することができます（会社法180条）。たとえば、3株を2株に併合することで、発行済株式数を減少させることが可能です。合併や会社分割などの組織再編手続きの際に株式の割当比率を調整するために用いられることが多い手続きです。株式の併合をするには、株主総会の特別決議（22ページ）が必要です。

　株式の併合とは逆に、会社は発行済の株式を分割することも可能です（会社法183条）。たとえば、2株を3株にする場合です。株式の分割は、取締役会設置会社においては取締役会、取締役会非設置会社においては株主総会の普通決議で決定することができます。株式の分割をすると、1株当たりの価額は下がるので小口の出資者を募りたいような場合に有用な手続きです。

● 種類株式とは

　株主は持株数に応じて平等に扱われなければならないのが原則ですが、会社法は、定款の規定に基づいて、権利の内容の異なる2種類以上の株式の発行を認めています。この権利の内容の異なる株式を、一般に普通株式に対して種類株式といいます。たとえば、①剰余金の配当、②残余財産の分配、③株主総会における議決権行使について内容の異なる株式を発行することができます（会社法108条）。①と③を組み合わせることで、「剰余金の配当に関しては普通株式に優先するが、株主総会においては議決権を有しない」といった内容の種類株式を発行することが可能となります。多額の出資を受け増資をしつつ会社の支配率（議決権の比率）を維持したい、といった事情がある場合には種類株式の発行の検討をするとよいでしょう。

● 自己株式とは

　会社が有する自社の株式のことを自己株式といいます。

取得条項付株式（会社が一定の事由が生じたことを条件に株式を取得できることを株式の内容とした種類株式のこと）の取得など、自己株式を取得するにはさまざまなケースがありますが（会社法155条）、株主との合意によって自己株式を取得することも可能です。

会社が株主との合意により自己株式の取得をする場合には、①会社が取得できる株式の種類や数、②取得と引換えに交付する金銭等の内容及び総額、③取得できる期間（最長で1年）を、あらかじめ株主総会の普通決議によって定める必要があります（会社法156条）。そして、実際に自己株式を取得する際にはその都度、取締役会（取締役会非設置会社の場合には取締役の決定）の決議に従い、取得する株式の数やその取得価格、株主から会社への株式譲渡の申込日などを決定します（会社法157条）。そして、株主からの譲渡の申込みを経て、会社は自己株式を取得することになります。

特定の株主だけから自己株式を取得する場合には、株主間に不平等を生ずるおそれがあるため、普通決議ではなく、株主総会の特別決議を要するなど、より厳格な規制があります（会社法160条）。

自己株式は、期間の制限なく保有することができますが、株主総会において議決権を行使することはできません。また、剰余金の配当や

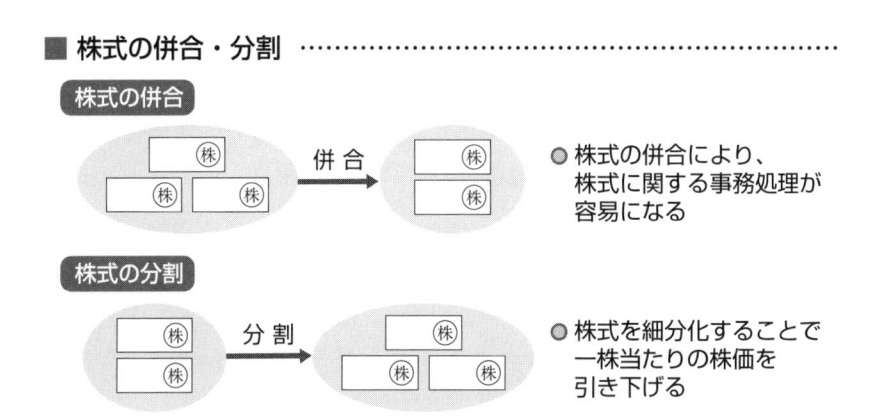

■ **株式の併合・分割**

株式の併合

併合 → ● 株式の併合により、株式に関する事務処理が容易になる

株式の分割

分割 → ● 株式を細分化することで一株当たりの株価を引き下げる

残余財産の分配を受けることもできません。

● 株券と株式の譲渡

会社法上、株式会社は、原則として株券を発行する必要はありません。ただし、株式について株券を発行する旨の定款規定を設けることができます。株券を発行する場合、その旨は登記事項となります。

株券を発行しない会社の場合は、株式の譲渡人と譲受人との契約によって株式が譲渡されますが、株券発行会社において株式を譲渡するには、原則として株券の交付が必要となります。

なお、株式について株券を発行する旨の定款規定がある会社は、定款を変更し、この規定を削除することで株券を廃止することが可能です。株券の廃止をするにあたり、実際に株券を発行している場合には、株券を廃止する旨の定款変更の効力発生日の2週間前までに公告・株主等への通知が必要となりますので注意してください。

● 株主名簿とは

会社は、株主を管理・把握するために株主名簿を作成する必要があります（会社法121条）。株主名簿には、①株主の氏名又は名称及び住所、②株主の所有する株式の種類及び数、③株主が株式を取得した日、④株券発行会社であって、実際に株券を発行している場合には株券の番号を記載する必要があります。株主総会を招集する場合や、剰余金を配当する場合などにおいて、会社に対して権利を行使することができる株主を定める際には、原則として、株主名簿によってその株主を確定することになります。

株券を発行しない会社においては、株主が第三者に対して株主であることを証明する手段として、この株主名簿の内容を記載した書面の交付を会社に対して請求することができるとされています（会社法122条）。

2 株式に関する書式作成の注意点

公告・通知などの法定手続が多くスケジュールの作成・管理が重要となる

● 株券を発行する旨の定めの廃止に関する株主総会議案例（書式１）

　株券を廃止するには、株主総会決議によって定款変更をする必要があります。

　また、株券を廃止するためには、株券廃止の効力発生日の２週間前までに、株券を廃止する旨の公告並びに株主及び登録株式質権者に対して株券を廃止する旨の通知をする必要がありますが（会社法218条１項）、定款上は「株式に係る株券を発行する」となっていても、株式の全部について現に株券を発行していない状態の場合（株主全員から会社法に基づき株券不所持の申出があった場合や、公開会社でない会社において、株主全員から株券を発行する旨の請求がない場合）は、効力発生日の２週間前までに株主及び登録質権に対して通知をすれば足りるとされています（この通知は公告をもって代えることが可能です）。

● 株券を発行する旨の定めの廃止に関する登記申請書例（書式２）

　株券を廃止した場合は、その登記申請をする必要があります。添付書類は、株主総会議事録の他、「株券廃止公告をしたことを証する書面」となりますが、株式の全部について現に株券を発行していない状態の場合は、株券廃止公告をしたことを証する書面に代えて、書式３（153ページ）の「株式の全部について株券を発行していないことを証する書面」を添付することになります。「株式の全部について株券を発行していないことを証する書面」には、一般的に株主名簿が利用されます。

なお、株券を発行する旨の定めの廃止による変更登記の登録免許税は1件につき3万円です。

● 株主名簿記載事項証明書例（書式3）

株券廃止の登記申請書の添付書類となる「株式の全部について株券を発行していないことを証する書面」の一例です。

● 株式の譲渡制限に関する規定の設定に関する株主総会議案例（書式4）

株式の譲渡制限に関する規定を設定するには、株主総会の特殊決議（22ページ）によって定款変更をする必要があります。

株式の譲渡制限に関する規定を設定し、非公開会社になるのに際して、さまざまな定款規定を制定することができるようになります。

主なものは以下のとおりです。

・発行可能株式総数を制限なく増加することができる（会社法113条3項）。
・株券発行会社でも株主から請求がある時まで、株券を発行しないことができる（会社法215条）。
・取締役が株主でなければならない旨を定款で定めることができる（会社法331条）。
・監査役の監査の範囲を会計に関するものに限定することができる（会社法389条）。
・取締役、監査役の任期を、10年以内に終了する事業年度のうち最終のものに関する定時株主総会の終結の時まで伸長することができる（会社法332条・336条）。

また、非公開会社になることで、取締役会の設置義務がなくなる等、会社の機関設計についても選択肢が多くなりますので、株式の譲渡制限に関する規定の設定とあわせて会社の機関の見直しも同時に行うの

もよいでしょう。

　株式の譲渡制限に関する規定の設定には、株主総会の決議の他、効力発生日の20日前までにする株主に対する通知又は公告（会社法116条。反対株主に株式買取請求権を行使する機会を与えるための通知又は公告です）、効力発生日の1か月前までにする株券の提出に関する公告並びに株主及び登録株式質権者に対する通知（会社法219条1項1号）という手続きが必要になります。ただし、株式の全部について株券を発行していない場合は公告及び通知は省略できます。

　株式の譲渡制限に関する規定の設定をしようとする場合は、スケジュール作成と管理に注意する必要があるといえるでしょう。

● 株式の譲渡制限に関する規定の設定に関する登記申請書例（書式5、書式6）

　株式の譲渡制限に関する規定の設定をした場合は、その登記申請をする必要があります。添付書類は、株主総会議事録の他、「株券提出公告をしたことを証する書面」となりますが、定款に株券を発行する旨の定めがあっても現に株券を発行していない状態の会社においては、「株券提出公告をしたことを証する書面」に代えて、書式3（153ページ）の「株式の全部について株券を発行していないことを証する書面」を添付することになります。

　なお、株式の譲渡制限に関する規定の設定の登記の登録免許税は1件につき3万円です。

● 非公開会社において株式を譲渡する場合の株式譲渡承認請求書例（書式7）

　非公開会社の株主が株式の譲渡の承認を会社に請求する場合、譲渡する株式の種類及び数、譲渡人の氏名等を記載した譲渡承認請求書を会社に提出するのが一般的です。

● 株式の譲渡承認をする場合の取締役会議案例（書式8）

書式7の譲渡承認請求を受け、取締役会で譲渡を承認する場合の取締役会議案例です。株式の譲渡を承認せず、会社が株式を買い取ること等も可能です。

● 株式の消却に関する取締役会議案例（書式9）

自己株式を消却する場合には、取締役会（取締役会非設置会社の場合は取締役の過半数の決定）で、消却する株式の種類及び数を決議する必要があります。

● 株式の消却に関する登記申請書例（書式10）

株式を消却した場合は、発行済株式の総数が減少しますので、その変更登記が必要になります。添付書類は取締役会議事録（取締役会非設置会社の場合は取締役決定書）のみです。

● 株式の併合に関する株主総会議案例（書式11）

株式の併合により、所有する株式が1株に満たない端数となり、会社法の規定により金銭処理されてしまい株主でなくなる場合がある等（会社法235条）、株主に大きな影響を与える可能性があるため、株式の併合には株主総会の特別決議が必要とされています。株主総会で決議しなくてはならない事項は、①併合の割合、②効力発生日、③種類株式発行会社の場合は併合する株式の種類です。

また、株式の併合には、効力発生日の20日前までにする株主に対する通知又は公告（会社法181条）、効力発生日の1か月前までにする株券の提出に関する公告並びに株主及び登録株式質権者に対する通知（会社法219条1項2号。ただし、株式の全部について株券を発行していない場合は公告及び通知は省略できます）が必要になります。

なお、株式の併合が行われたとしても、発行可能株式総数は減少し

ません。公開会社において、株式の併合の結果、発行可能株式総数が発行済株式総数の4倍を超えてしまったとしても違法ではないとされています。

● 株式の併合に関する登記申請書例（書式12）

　株式の併合をした場合は、発行済株式の総数が減少しますので、その変更登記を申請する必要があります。添付書類は、株主総会議事録の他、「株券提出公告をしたことを証する書面」となりますが、定款に株券を発行する旨の定めがあっても現に株券を発行していない状態の会社においては、「株券提出公告をしたことを証する書面」に代えて、書式3（153ページ）の「株式の全部について株券を発行していないことを証する書面」を添付することになります。

● 株式の分割と株式の分割に伴う発行可能株式総数の変更に関する取締役会議案例（書式13）

　株式の分割は、取締役会決議（取締役会非設置会社では株主総会の決議）によって行うことができます。決議しなくてはならない事項は、①株式の分割の割合、②株式の分割の基準日（基準日については55ページ）、③効力発生日、④種類株式発行会社の場合は分割する株式の種類です。

　株式の分割により、発行済株式の総数は分割の割合に応じて増加しますが、発行可能株式総数は当然には増加しません。したがって、発行済株式の総数が発行可能株式の総数を超過しないよう、定款を変更し、発行可能株式総数を増加させる必要が生じる場合があります。定款の変更には、原則として株主総会の決議が必要となりますが、株式の分割に伴い、発行可能株式の総数を増加させる旨の定款変更は、例外的に株式分割の割合の範囲内であれば取締役会の決議によって行うことが可能です（会社法184条2項）。

● 株式の分割と株式の分割に伴う発行可能株式総数の変更に関する登記申請書例（書式14、書式15）

　株式の分割をした場合には、発行済株式の総数が増加するため、その変更登記が必要になります。添付書類は、添付書類は取締役会議事録（取締役会非設置会社の場合は株主総会議事録）のみです。

● 特定株主からの自己株式の取得に関する株主総会議案例（書式16）

　株式を市場に公開していない会社において、株主から合意により自己株式を取得するためには、あらかじめ株主総会の決議をしておく必要があります。株主総会で決議すべき事項は、①取得する株式の数、②株式を取得するのと引換えに交付する金銭等の内容及びその総額、③株式を取得する期間（1年を超える期間を定めることはできません）です。また、取締役会設置会社においては、株主総会の決議に基づいて、実際に自己株式を取得する際に、その取得額等を取締役会で決議する必要があります。

　特定の株主から自己株式を取得する場合は、株主総会の特別決議が必要となり、特定の株主に該当する株主は株主総会において原則として議決権を行使することができません。

書式1　株主総会議案例（株券を発行する旨の定めの廃止）

第○条　定款一部変更の件

　議長は、株式に係る株券を現に発行していない当社の現状を鑑み、また、今後の株券発行に係る費用の削減、株式の譲渡に係る事務の煩雑さを解消するため、下記要項で当社の定款を一部変更し、株券を発行する旨の定めを廃止したい旨を述べ、その可否を議場に諮ったところ、出席株主は満場一致をもってこれを承認可決した。

記

1．定款変更の内容

（下線は変更箇所を示す）

現　行　定　款	変　更　案
第1条～第5条（条文省略）	第1条～第5条（現行どおり）
（株券の発行） 第6条　当会社の発行する株式については、株券を発行するものとする。 　2　当会社の発行する株券は、1株券、10株券、50株券及び100株券の4種類とする。	（株券の不発行） 第6条　当会社の発行する株式については、株券を発行しない。
第7条～第8条（条文省略）	第7条～第8条（現行どおり）
（株主名簿記載事項の記載の請求） 第9条　当会社の株式の取得者が株主の氏名等株主名簿	（株主名簿記載事項の記載の請求） 第9条　当会社の株式の取得者が株主の氏名等株主名簿

第5章　株式に関する議事録と登記

記載事項を株主名簿に記載又は記録することを請求するには、当会社所定の様式による請求書に、その取得した株式の株主として株主名簿に記載若しくは記録された者又はその相続人その他の一般承継人及び株式の取得者が署名又は記名押印し、共同して提出しなければならない。ただし、<u>株式取得者が株券を提示して請求をしたとき等法務省令</u>で定める場合は、株式取得者が単独で上記請求をすることができる。	記載事項を株主名簿に記載又は記録することを請求するには、当会社所定の様式による請求書に、その取得した株式の株主として株主名簿に記載若しくは記録された者又はその相続人その他の一般承継人及び株式の取得者が署名又は記名押印し、共同して提出しなければならない。ただし、<u>法令</u>に別段の定めがある場合には、株式の取得者が単独で上記請求をすることができる。
（質権の登録及び信託財産表示請求） 第10条　当会社の発行する株式につき質権の登録、変更若しくは抹消、又は信託財産の表示若しくは抹消を請求するには、当会社所定の書式による請求書に当事者が署名又は記名押印し、<u>株券を添えて提</u>出しなければならない。	（質権の登録及び信託財産表示請求） 第10条　当会社の発行する株式につき質権の登録、変更若しくは抹消、又は信託財産の表示若しくは抹消を請求するには、当会社所定の書式による請求書に当事者が署名又は記名押印<u>して</u>提出しなければならない。
（株券の再発行） 第11条　<u>当会社の発行する株券の分割・併合又は株券の</u>	［削除］

毀損・汚損等の事由により株券の再発行を請求するには、当会社所定の書式による請求書に請求者が署名又は記名押印し、これに株券を添えて請求しなければならない。 　2　株券の喪失によりその再発行を請求するには、当会社所定の書式による株券喪失登録申請書に請求者が署名又は記名押印し、これに必要書類を添えて請求しなければならない。	
（手数料） 第12条　前3条の請求をする場合には、当会社所定の手数料を支払わなければならない。	（手数料） 第11条　前2条に定める請求をする場合には、当会社所定の手数料を支払わなければならない。
第13条～第42条（条文省略）	第12条～第41条（現行どおり）

2．定款変更の効力発生日　　平成25年6月14日（金曜日）

書式2 登記申請書例（株券を発行する旨の定めの廃止）

株式会社変更登記申請書

1．会社法人等番号　　０１××－０１－１２３４××
1．商　　　　　号　　株式会社星光商事
1．本　　　　　店　　東京都××区××五丁目２番１号
1．登 記 の 事 由　　株券を発行する旨の定めの廃止
1．登記すべき事項　　平成２５年６月１４日株券を発行する旨
　　　　　　　　　　　の定めの廃止
1．登 録 免 許 税　　金３万円
1．添 付 書 類　　　株主総会議事録　　　　　　　　１通
　　　　　　　　　　　株式の全部について株券を発行して
　　　　　　　　　　　いないことを証する書面（株主名簿）　１通

上記のとおり登記の申請をします。

　　平成２５年６月１５日

　　　東京都××区××五丁目２番１号
　　　申　　請　　人　　株式会社星光商事

　　　東京都××区××七丁目３番２号
　　　代表取締役　　　星　光男
　　　連絡先の電話番号　０３－１２３４－５６７８

東京法務局××出張所　御中

書式3 株主名簿記載事項証明書例

株主名簿記載事項証明書
（株式の全部について株券を発行していないことの証明書）

株主No.	株主の氏名又は商号・名称	株主の住所又は本店・主たる事務所	所有株式の種類及び数	株式を取得した日／取得の原因等	株券番号	その他の事項（株券不所持の申出、登録質権者等）
1	馬田 一美	〒×××-×××× 東京都××区××一丁目1番1号	普通株式 500株	平成18年5月1日／設立時引受	―	株券不発行
2	猿渡 慎二	〒×××-×××× 東京都××区××二丁目2番2号	普通株式 250株	平成20年1月5日／猿渡次郎から相続	―	株券不発行
3	猿渡 三太	〒×××-×××× 東京都××区××二丁目3番3号	普通株式 250株	平成20年1月5日／猿渡次郎から相続	―	株券不発行

本書は、当会社の株主名簿に記載されている事項の一部を証明した書面である。
本書記載のとおり、当会社は株式の全部について株券を発行していない。

平成25年6月14日

東京都××区××五丁目2番1号
株式会社　星光商事
代表取締役　星　光男　㊞

書式4 株主総会議案例（株式の譲渡制限に関する規定の設定）

　　　　　　第○号議案　　定款一部変更の件

　議長は、当会社の定款を下記のとおり一部変更したい旨を述べ、その可否を議場に諮ったところ、議決権を行使することができる株主の半数以上であって、かつ議決権を行使することができる株主の議決権数の3分の2以上の賛成をもって承認可決された。

　　　　　　　　　　　　　記

1．定款変更の内容

　　　　　　　　　　　　　　　　　（下線部分は変更箇所を示す）

現　行　定　款	変　更　案
第1条～第5条（条文省略）	第1条～第5条（現行どおり）
（発行可能株式総数） 第6条　当会社の発行可能株式総数は、4,000株とする。	（発行可能株式総数） 第6条　当会社の発行可能株式総数は、53万株とする。
（株券の発行） 第7条　当会社の株式については、株券を発行する。	（株券の発行） 第7条　当会社の株式については、株券を発行する。ただし、株主から請求がある時までは、当該株主の有する株券を発行しないものとする。
［新設］	（株式の譲渡制限） 第8条　当会社の株式を譲渡により取得するには、当会

［新設］	社の承認を受けなければならない。 　2　前項の承認機関は、取締役会とする。 (相続人等に対する売渡しの請求) 第9条　当会社は、相続その他一般承継により当会社の株式を取得した者に対し、当該株式を当会社に売り渡すことを請求することができる。
［新設］	(株主に株式等の割当てを受ける権利を与える場合の募集事項等の決定) 第10条　当会社は、当会社の株式（自己株式の処分による株式を含む）及び新株予約権を引き受ける者の募集において、株主に株式又は新株予約権の割当てを受ける権利を与える場合には、その募集事項、株主に当該株式又は新株予約権の割当てを受ける権利を与える旨及び引受けの申込み期日の決定は取締役会の決議によって行う。
第 8 条～第13条（条文省略）	第11条～第16条（現行どおり）

第5章　株式に関する議事録と登記

（株式取扱規則） 第14条　当会社の株主名簿への記載又は記録、株券の種類並びに株式、新株予約権及び株券喪失登録に関する取扱い並びに手数料は、法令又は本定款に定めるものの他、取締役会において定める株式取扱規則による。	（株式取扱規則） 第17条　当会社の株式の譲渡承認手続、株主名簿への記載又は記録、株券の種類並びに株式、新株予約権及び株券喪失登録に関する取扱い並びに手数料は、法令又は本定款に定めるものの他、取締役会において定める株式取扱規則による。
第15条（条文省略）	第18条（現行どおり）
（招集手続） 第16条　株主総会を招集するには、株主総会の2週間前までに、議決権を行使することができる株主に対して招集通知を発するものとする。 2　（条文省略）	（招集手続） 第19条　株主総会を招集するには、株主総会の3日前までに、議決権を行使することができる株主に対して招集通知を発するものとする。 2　（現行どおり）
第17条～第22条（条文省略）	第20条～第25条（現行どおり）
［新設］	（取締役の資格） 第26条　当会社の取締役は、株主の中からこれを選任する。ただし、必要があるときは、株主以外の者から選任することを妨げない。

第23条（現行どおり）	第27条（現行どおり）
（取締役の任期） 第24条　取締役の任期は、選任後2年以内に終了する事業年度のうち最終のものに関する定時株主総会の終結の時までとする。 　2　（条文省略）	（取締役の任期） 第28条　取締役の任期は、選任後10年以内に終了する事業年度のうち最終のものに関する定時株主総会の終結の時までとする。 　2　（現行どおり）
第25条～第30条（条文省略）	第29条～第34条（現行どおり）
［新設］	（監査役の権限の範囲） 第35条　当会社の監査役の監査の範囲は、会計に関するものに限る。
第31条（条文省略）	第36条（現行どおり）
（監査役の任期） 第32条　監査役の任期は、選任後4年以内に終了する事業年度のうち最終のものに関する定時株主総会の終結の時までとする。 　2　（現行どおり）	（監査役の任期） 第37条　監査役の任期は、選任後10年以内に終了する事業年度のうち最終のものに関する定時株主総会の終結の時までとする。 　2　（現行どおり）
第33条～第37条（条文省略）	第38条～第42条（現行どおり）

2．定款変更の効力発生日　　平成25年7月1日（月曜日）

書式5 登記申請書例（株式の譲渡制限に関する規定の設定）

株式会社変更登記申請書

1．会社法人等番号　　０１××－０１－１２３４××
1．商　　　　号　　株式会社星光商事
1．本　　　　店　　東京都××区××五丁目２番１号
1．登 記 の 事 由　　株式の譲渡制限に関する規定の設定
1．登記すべき事項　　別添ＣＤ－Ｒのとおり
1．登 録 免 許 税　　金３万円
1．添 付 書 類　　株主総会議事録　　　　　　　　　１通
　　　　　　　　　　株券提出公告をしたことを証する書面　１通

上記のとおり登記を申請する。

　平成２５年７月１日

　　東京都××区××五丁目２番１号
　　申　請　人　　株式会社星光商事

　　東京都××区××七丁目３番２号
　　代表取締役　　星　光男
　　連絡先の電話番号　０３－１２３４－５６７８

東京法務局××出張所　御中

書式6 登記すべき事項の入力例（株式の譲渡制限に関する規定の設定）

「発行可能株式総数」５３万株
「原因年月日」平成２５年７月１日変更
「株式の譲渡制限に関する規定」
当会社の株式を譲渡により取得するには、当会社の承認を受けなければならない。
「原因年月日」平成２５年７月１日設定

書式7 株式譲渡承認請求書例（非公開会社において株式を譲渡する場合）

株式譲渡承認請求書

平成25年6月1日

株式会社星光商事
　代表取締役　星光男　殿

　　　　　　　　住所　東京都××区○○二丁目3番4号
　　　　　　　　氏名　山本　一郎　　　（届出印）

　私は、貴社株式を下記のとおり譲渡したいので、ご承認をお願いいたします。
　なお、不承認の場合は貴社又は貴社指定の買取人に当該株式を買い取っていただきたく、お願い申し上げます。

記

１．譲渡する株式の種類及び数
　　　貴社の普通株式　　100株
２．譲渡する相手方の住所及び氏名
　　　住所　埼玉県○○市○○一丁目1番1号
　　　氏名　伊藤　二郎

書式8 取締役会議案例（株式の譲渡承認を行う場合）

第○号議案　株式の譲渡承認の件

　議長は、株主甲野一郎氏から、平成25年6月1日付で下記のとおり株式の譲渡に関して当会社の承認を受けたい旨の請求が出されている旨を報告した。ついで、議長は山本一郎氏の譲渡承認請求どおり承認したい旨を提案し、議場にその可否を求めたところ、出席取締役は全員一致をもってこれを承認可決した。

記

1．株式譲渡請求株主の住所・氏名　　東京都××区○○二丁目3番4号
　　　　　　　　　　　　　　　　　　山本　一郎
2．譲渡する株式の種類及び数　　　　普通株式　100株
3．譲渡する相手方の住所・氏名　　　埼玉県○○市○○一丁目1番1号
　　　　　　　　　　　　　　　　　　伊藤　二郎

書式9 取締役会議案例（株式の消却）

第○号議案　自己株式消却の件

　議長は、当社が保有する自己株式○○株のうち、100株を資本剰余金○○万円を財源として、本日付をもって消却したい旨を述べ、その承認の可否を議場に諮ったところ、出席取締役の全員一致をもって承認可決された。

書式10 登記申請書例（株式の消却）

株式会社変更登記申請書

1. 会社法人等番号　　０１××－０１－１２３４××
1. 商　　　　　号　　株式会社星光商事
1. 本　　　　　店　　東京都××区××五丁目２番１号
1. 登 記 の 事 由　　株式の消却
1. 登記すべき事項　　平成２５年６月２３日次のとおり変更
　　　　　　　　　　発行済株式の総数　９００株
1. 登 録 免 許 税　　３万円
1. 添 付 書 類　　　取締役会議事録　　１通

上記のとおり登記の申請をします。

　平成２５年６月２５日

　　東京都××区××五丁目２番１号
　　申　請　人　　株式会社星光商事

　　東京都××区××七丁目３番２号
　　代表取締役　　星　光男
　　連絡先の電話番号　03-1234-5678

東京法務局××出張所　御中

書式11 株主総会議案例（株式の併合）

第○号議案　株式の併合の件

　議長は、下記要項で当会社の株式を併合したい旨を述べ、末尾添付招集通知の株主総会参考書類○頁に基づきその理由を説明した。

記

1．併合の割合
　　　3株を2株に併合する。
2．株式の併合が効力を生ずる日
　　　平成25年7月1日

　ついで、議長が、本議案の承認の可否を議場に諮ったところ、出席株主の議決権の3分の2以上の賛成を得て本議案は承認可決された。

書式12 登記申請書例（株式の併合）

株式会社変更登記申請書

1. 会社法人等番号　　０１××－０１－１２３４××
1. 商　　　　　号　　株式会社星光商事
1. 本　　　　　店　　東京都××区××五丁目２番１号
1. 登 記 の 事 由　　株式の併合
1. 登記すべき事項　　平成２５年７月１日次のとおり変更
　　　　　　　　　　発行済株式の総数　　１０００株
1. 登 録 免 許 税　　金３万円
1. 添 付 書 類　　株主総会議事録　　　　　　　　１通
　　　　　　　　　　株券提供公告をしたことを証する書面　１通

上記のとおり登記の申請をします。

　平成２５年７月１日

　　東京都××区××五丁目２番１号
　　申　請　人　　株式会社星光商事

　　東京都××区××七丁目３番２号
　　代表取締役　　星　光男
　　連絡先の電話番号　03－1234－5678

東京法務局××出張所　御中

書式13 取締役会議案例(株式の分割と株式の分割に伴う発行可能株式総数の変更)

第○号議案　株式の分割及び定款一部変更の件

　議長は、下記1のとおり株式分割をしたい旨を述べ、また当該株式分割に伴い会社法第184条第2項の規定により、当会社の定款を下記2のとおり一部変更したい旨を述べ、その賛否を議場に諮ったところ、出席取締役全員の賛成により承認可決された。

記1（株式分割の要項）

1．株式分割の割合　2株を3株に分割する。
1．株式分割に係る基準日　平成25年6月24日
1．平成25年6月24日を株式の分割の基準日と定め、同日午後5時00分現在の株主名簿上の株主をもって、その所有する株式2株を3株とする株式分割により株式の割当てを受ける株主と定める。
1．株式分割の効力発生日　平成25年7月1日
1．株式分割により増加する株式数　1,000株
1．株式分割の結果、1株に満たない端数が生じるときは、会社法第235条の規定に従い処理をする。

記2（定款変更要項）

1．定款変更の内容

現　行　定　款	変　更　案
（発行可能株式総数） 第6条　当会社の発行可能株式総数は、<u>8,000</u>株とする。	（発行可能株式総数） 第6条　当会社の発行可能株式総数は、<u>12,000</u>株とする。

＊下線は変更箇所を示す。

1．定款変更の効力発生日　平成25年7月1日（月曜日）

書式14 登記申請書例(株式の分割)

株式会社変更登記申請書

1. 会社法人等番号　　０１××－０１－１２３４××
1. 商　　　　号　　株式会社星光商事
1. 本　　　　店　　東京都××区××五丁目２番１号
1. 登記の事由　　発行可能株式総数の変更
　　　　　　　　　　　株式の分割
1. 登記すべき事項　　別添ＣＤ－Ｒのとおり
1. 登録免許税　　３万円
1. 添付書類　　取締役会議事録　　１通

上記のとおり登記の申請をします。

　平成２５年７月１日

　　東京都××区××五丁目２番１号
　　申　請　人　　株式会社星光商事

　　東京都××区××七丁目３番２号
　　代表取締役　　星　光男
　　連絡先の電話番号　03－1234－5678

東京法務局××出張所　御中

第5章　株式に関する議事録と登記

書式15　登記すべき事項の入力例（株式の分割）

「発行可能株式総数」１万２０００株
「原因年月日」平成２５年７月１日変更
「発行済株式の総数」３０００株
「原因年月日」平成２５年７月１日変更

書式16　株主総会議案例（特定の株主からの自己株式の取得）

第○号議案　特定株主からの自己株式取得の件

　議長は、会社運営の安定を図るため、下記要項で特定株主から当社株式を取得したい旨を説明し、議場に諮ったところ、議決権を行使することができる株主の満場一致により承認可決された。
　なお、特定株主に該当する甲野一郎氏、乙野次郎氏及び丙野三郎氏の三氏は、会社法第160条第4項の規定により本議案について議決権を行使することができないため、決議に参加していない。

記

1．取得する自己株式の種類及び数
　　普通株式　150株
2．株式を取得するのと引換えに交付する金銭の総額
　　金750万円
3．株式を取得することができる期間
　　平成25年6月1日から平成26年5月31日まで
4．特定株主から自己株式を取得するものとし、会社法第158条第1項の規定による通知を行う株主を次の3名とする。
　(1)　甲野　一郎　氏
　(2)　乙野　次郎　氏
　(3)　丙野　三郎　氏

第6章

募集株式の発行による増資・減資等に関する議事録と登記

1 募集株式の発行による増資・減資等に関する法律知識

募集株式を発行することによって資金を調達することができる

● 会社における資金調達方法

　会社が事業を拡大していく上で、会社の外部から資金を調達する必要が生じることもあるでしょう。資金調達方法としては、金融機関などから借入れをする方法が一般的ですが、会社は新株を発行したり、自己株式を処分する（本書では自己株式の処分を含め「募集株式の発行」と記載します）ことで資金調達をすることが可能です。

● 募集株式の発行

　募集株式の発行とは、金銭等の財産を出資という形で受け入れ、出資者には代りに株式を割り当てることです。借入れや社債の発行と違い、出資を返済する必要はありませんが、株式の割当てを受けた出資者は、原則として、株主総会の議決権をはじめとする株主としての権利を取得します。

● 募集株式の発行の手続き

　第三者割当て（株主であるか否かを問わず、特定の第三者に対して募集株式を割り当てる方法）による募集株式の発行の手続きの流れは以下のとおりです（金銭出資の場合）。

① **募集事項の決定**

　会社が、株式を引き受ける者の募集をするときは、まず、募集株式の数やそれに対する払込金額、払込期日等の募集事項を決定します（会社法199条1項）。これを決定する機関は、公開会社では取締役会、非公開会社では株主総会が原則です。ただし、公開会社の場合でも、払込金額が株式を引き受ける者に特に有利な場合（有利発行とい

います）には、株主総会の決議が必要になります。また、非公開会社の場合でも株主総会でその具体的事項の決定を取締役会（取締役会非設置会社の場合は取締役の決定）に委任することができます。

② 募集株式の引受けの申込み

出資者の募集株式の引受けの申込みは、書面又は電磁的方法によってする必要があり、その引受けの申込みをする書面等には申込者の氏名又は名称若しくは住所、引き受ける株式の数を記載しなければなりません（会社法203条2項）。

③ 募集株式の割当て

会社は、申込者の中から、募集株式の割当てを受ける者及び割当株数を決定しなければなりません（会社法204条）。たとえば、100株の募集に対して、複数人から合計200株の申込みがあった場合でも、申込みの順番や申し込んだ株数に関係なく、誰に何株を割り当てるかを会社が自由に決定することができます。そして、割当ての決定は、募集株式が譲渡制限株式である場合には、定款に別段の定めがある場合を除いて、株主総会（取締役会設置会社の場合は取締役会）の決議によることとされています。また、会社は、割当てに関する事項を決定したときは、払込期日の前日までに、申込者に対して割当株式数を通知しなければなりません。そのため募集株式の発行の手続きには、最低でも2日以上の期間がかかることになります。

④ 出資の履行

募集株式を割り当てられた引受人は、払込期日までに、会社が定めた払込取扱金融機関において出資金の払込みを行わなければなりません。

● **総数引受契約**

会社が募集する株式のすべてを、特定の者（複数人でも可）がすべて引き受ける場合、会社とその特定の者との間で総数引受契約を締結

することで、一連の手続きのうち、申込み及び割当に関する手続きが不要となります（会社法205条）。これによって、割当通知も不要になるので、募集株式発行の手続きを最短1日で完了することも可能となります。しかし、公開会社において、取締役会の決議によって募集事項を決定した場合の株主への通知など（会社法201条3項）、募集株式の発行には一定の期間を必要とする場合がありますので、スケジュールの作成・管理には注意が必要です。

● デット・エクイティ・スワップについて

　出資の目的は金銭であることが一般的ですが、それ以外に、金銭以外の財産を出資の目的とすることもできます（現物出資）。

　会社に対して債権を有する者が、その有する債権を現物出資することによって株式の交付を受ける方法による募集株式の発行が、デット・エクイティ・スワップ（DES・債務の株式化）です。これによって債権者は株主となり、株主総会の議決権などを取得することになる一方で、会社は借り入れた資金の返済や利息の支払いをする必要がなくなります。

● 募集新株予約権の発行

　新株予約権とは、将来、会社に対してその株式を交付することを請求できる権利をいい、新株予約権者はこれを行使することによって、会社が定めた一定の価格の支払い等と引換えに、会社の株式を取得することができます。会社は新株予約権の行使時に払い込まれる出資金によって、資金を調達することもできますし、また、この新株予約権自体を有償で発行することで、発行時に資金を調達することも可能です。新株予約権を会社の役員や従業員等に対する報酬として、無償で付与し、業績向上へのインセンティブとして利用することも一般的に広く行われています（ストックオプションと呼ばれます）。新株予約

権も、将来的に株式となり得るものです。したがって、その発行手続きの流れも株式の場合と類似しています。

● 資本金の額の減少について

調達資金のうち、新たに株式を発行する場合などのように、出資金として払い込まれたものについては、その一部を資本準備金とすることも可能ですが、原則として資本金として計上されます。

そして、いったん計上された資本金については、直接、欠損填補や株主への配当のための原資とすることはできません。ただし、資本金の額を減少させることによって、欠損填補や株主への配当のための原資とすることが可能です。資本金の額を減少させるためには、原則として、株主総会の特別決議と債権者に異議を述べる機会を与えるための公告及び個別に催告（債権者保護手続き）することが必要になります。

● 剰余金の配当はどのように行われるのか

会社は、会社の利益や資本金等の減少などによって計上した剰余金を、いつでも株主に配当することができます。

そして、会社が剰余金の配当をする場合には、原則として、株主総会の決議で、①配当財産の種類とその帳簿価額の総額、②株主に対する配当財産の割当に関する事項、③効力発生日を定めなければなりません（会社法454条１項）。また、取締役の任期が１年以内で、監査役会及び会計監査人を設置している会社が定款で定めた場合には、取締役会の決議で剰余金の配当をすることが可能です（会社法459条）。

2 募集株式の発行による増資・減資等に関する書式作成の注意点

決議機関を把握することが重要になる

● 第三者割当による募集株式の発行に関する株主総会議案例（書式１）

　非公開会社において第三者割当増資を行う場合、株主総会の特別決議によって、募集事項を決定します（公開会社においては、有利発行の場合を除き取締役会の決議によって決定します）。第三者割当増資の際に、決定すべき募集事項は、①募集株式の種類及び数、②募集株式の払込み金額又はその算定方法、③金銭以外の財産を出資の目的とするときはその旨、並びに現物出資する財産の内容及び価額、④募集株式と引換えにする金銭の払込み期日又は期間（現物出資する場合は財産の給付の期日又は期間）、⑤新株式を発行するときは、増加する資本金及び資本準備金に関する事項です。

● 株主割当による募集株式の発行に関する取締役会議案例（書式２）

　株主割当増資を行う場合、募集事項の決定に加え、①株主に対し申込みをすることにより募集株式の割当てを受ける権利を与える旨、②①の引受けの申込みの期日を決定する必要がありますが、この募集事項等の決定機関は次のとおりです。

a　非公開会社において、取締役会の決議、又は取締役の過半数の決定で募集事項等を決定することができる旨の定款規定がある場合…取締役会決議、又は取締役の過半数の決定
b　公開会社の場合…取締役会の決議
c　上記 a、b 以外の場合…株主総会の決議

● 第三者割当・DESによる募集株式の発行に関する株主総会議案例（書式3）

債権の現物出資（DES）を含め、現物出資をする場合には、募集事項として、現物出資に関する事項を決定する必要があります。現物出資する財産の記載方法については、債権の場合は債権の発生年月日・発生の根拠となる契約名等、不動産の場合は所在・地番・家屋番号等、動産の場合は物品の種類と製造年月日や製造番号等で特定するとよいでしょう。

● 第三者割当・総数引受契約による募集株式の発行に関する株主総会議案例（書式4）

総数引受契約によって、募集株式の割当てを行う場合は、法定はされていませんが、募集事項の決定の際に書式4のように、「割当方法」として議案に記載するとよいでしょう。

● 募集株式の総数引受契約書例（書式5）

総数引受契約書に法定記載事項はありませんが、契約の要旨となる、割当株式数、払込金額の総額、払込日等の記載をするべきでしょう。

● 募集事項の決定を取締役会に委任する場合の株主総会議案例（書式6）

非公開会社において第三者割当増資を行う場合、株主総会決議によって、募集事項を決定しますが、この募集事項の決定を株主総会の決議をもって取締役会に委任することが可能とされています。この場合、株主総会において、委任に基づいて募集事項を決定することができる募集株式の数の上限及び払込金額の下限を定める必要があります（会社法200条1項）。

● 株主総会の委任により募集事項を決定する場合の取締役会議案例（書式7）

　株主総会決議による委任を受け、取締役会で募集事項（第三者割当）を決定する場合の取締役会議案例です。なお、株主総会決議による委任を受け、取締役会決議で募集株式を発行できるのは、決議の日から1年以内（払込期日又は払込期間の末日が1年以内）とされています（会社法200条3項）。

● 募集株式の引受申込書例（書式8）

　募集株式の引受けの申込書に必ず記載しなくてはならない事項は、①申込みをする者の氏名又は名称及び住所、②引き受けようとする募集株式の数です（会社法203条2項）。なお、書式8の「記」以下は、会社から申込みをする者に対して通知すべき事項になっています（会社203条1項）。

● 募集株式の割当に関する取締役会議案例（書式9）

　会社は、募集株式の引受けの申込者の中から、募集株式を割り当てる者と割り当てる株式の数を決定しますが、この割当ての決定機関は、非公開会社の場合は取締役会とされています（取締役会非設置会社の場合は株主総会の決議事項です）。

● 取締役会非設置会社で募集事項の決定と同時に割当て決議をする場合の株主総会議案例（書式10）

　取締役会非設置会社の場合、割当てを決定する機関は株主総会なので（会社法204条2項）、書式10のように、募集事項を決定する際に、条件付の割当決議をすることも可能とされています。条件付の割当て決議をした場合、募集株式の引受けの申込者からの申込みがあった後、再度株主総会を開催し割当決議をする手間がなくなります。

● 募集株式の発行に関する登記申請書例（書式11、書式12）

　株主総会において、書式6（184ページ）の募集事項の決定を取締役会に委任する旨が決議され、また同日開催された取締役会において書式7（185ページ）の募集事項の決定がされた場合の募集株式の発行による変更登記申請書例です。

　書式7では、募集株式の引受けの申込み予定者から申込みがあることを条件に割当ての決議をしているため、取締役会議事録の添付は1通でかまいません。

　募集株式の発行によって、発行済株式の総数と資本金が増加した場合は、書式12のように、登記すべき事項として、増加した後の発行済株式の総数と資本金の額を記載します。

　なお、募集株式の発行による変更登記の登録免許税は、増加した資本金の額に1000分の7を乗じた額（最低3万円）です。

● 資本金の額の計上に関する証明書例（書式13）

　募集株式の発行によって資本金が増加する場合は、募集株式の発行による変更登記申請書には、資本金の額の計上に関する証明書を添付する必要があります。

● 払込みがあったことを証する書面例（書式14）

　金銭が出資の目的である場合には、募集株式の発行による変更登記登記申請書には、払込みがあったことを証する書面を添付する必要があります。払込取扱金融機関が発行した払込金保管証明書か書式14の払込証明書に出資金が払い込まれた会社の預金通帳の写し（表紙と出資金が払い込まれたことがわかるページ）、又は取引明細書などを添付し、払込みがあったことを証する書面とします。

● 新株予約権の募集事項の決定を取締役会に委任する場合の株主総会議案例（書式15）

新株予約権の発行は、非公開会社においては株主総会で決議しますが、株主総会の決議をもって、①募集事項の決定をすることができる新株予約権の内容及び数の上限、②新株予約権を無償で発行するときはその旨、③新株予約権を有償で発行する場合にはその払込金額の下限を定め、募集事項の決定を取締役会（取締役会非設置会社の場合は取締役の過半数の決定）に委任することができます。

● 株主総会の委任を受け新株予約権の募集事項を決定する場合の取締役会議案例（書式16）

新株予約権を発行するときは、その内容を決定する必要がありますが、新株予約権の内容は、膨大になることが一般的ですので、書式16のように、発行要項を別紙として取締役会議事録に添付する方法がよいでしょう。

● 新株予約権発行要項例（書式17）

新株予約権を発行する場合に決定すべき募集事項のうち主なものは、以下の通りです。

① 新株予約権の目的となる株式数又はその算定方法
② 行使に際して出資される財産の価額又はその算定方法
③ 行使に際して現物出資がされるときはその旨及び現物出資の内容と財産の価額
④ 行使期間・その他行使の条件
⑤ 新株予約権の行使により株式を発行する場合における増加する資本金及び資本準備金の額
⑥ 新株予約権に譲渡制限を設けるときはその旨
⑦ 取得条項付新株予約権とするときはその旨及び取得事由等

⑧　合併等の組織再編に際して存続会社等が新株予約権を交付することとするときはその旨、及びその条件
⑨　新株予約権証券を発行するときはその旨
⑩　新株予約権の名称
⑪　新株予約権の数
⑫　無償発行とするときはその旨
⑬　発行に払込みを要するときは払込金額、払込期日
⑭　新株予約権の割当日

　なお、決定した募集事項のうち、登記事項は、①、②、③、④、⑦、⑩、⑪、⑫です。

●新株予約権の発行に関する登記申請書例（書式18、19）

　株主総会において、書式15（192ページ上段）の議案が決議され、取締役会において書式16、書式17の議案が決議された場合の登記申請書例です。新株予約権の発行による変更登記についての登録免許税は1件につき9万円です。登記すべき事項は、発行要項から登記事項を抜粋する方法で作成しましょう。

●資本金の額の減少に関する株主総会議案例（書式20）

　資本金の額の減少は、原則株主総会の特別決議が必要です。決議すべき事項は、①減少する資本金の額、②減少する資本金の額の全部又は一部を準備金とするときは、その旨及び準備金とする額、③効力発生日です。

　資本金の額を減少すると、会社の債権者に不利益を与えてしまうおそれがあるため、債権者保護手続きをしなくてなりません。債権者保護手続とは、官報に公告をし、また、会社が把握している債権者に対して催告を行い（この催告は定款規定に従い官報以外の方法により公告することで省略が可能です）、一定期間（1か月以上）異議を述べ

る機会を与えることです。したがって、資本金の額の減少をする場合には、スケジュール作成・管理が重要になってきます。

● 資本金の額の減少に関する登記申請書例（書式21）

資本金の額の減少による変更登記の登録免許税は3万円です。また、株主総会議事録に加え、債権者保護手続をしたことを証する書面を添付します。

● 資本減少に関する債権者への催告書例（書式22）

資本金の額の減少に関する債権者への催告書の書式例です。債権者に催告すべき事項は、①資本金の額の減少の内容、②決算公告に関する事項、③債権者が一定の期間内に異議を述べることができる旨です（会社法449条2項）。

法定の催告すべき事項ではありませんが、債権者に無用な心配をさせないために、書式22のように資本金の額の減少を行う理由等を記載するのも一つの方法でしょう。

● 催告をしたことを証する書面例（兼異議を述べた債権者がいない旨の証明書）（書式23）

資本金の額の減少による変更登記申請書の添付書類となる債権者に対し催告をしたことを証する書面の例です。別紙として書式22の催告書を添付して使用します。

● 剰余金の配当に関する株主総会議案例（書式24）

剰余金の配当をするには、①配当財産の種類及びその帳簿価額、②株主に対する配当財産の割当てに関する事項（1株につきいくら配当するか）、③剰余金の配当の効力発生日を定める必要があります。

書式1 株主総会議案例(第三者割当による募集株式の発行)

第○号議案　募集株式発行の件

　議長は、会社法第199条第1項の規定に基づき下記のとおり、募集株式を発行したい旨を述べ、その理由を詳細に説明した後、賛否を議場に諮ったところ、出席株主の議決権の3分の2以上の賛成を得て、本議案は原案どおり可決された。

記

1．発行する募集株式の種類及び数　普通株式　1,000株
2．割当方法　　　　　　　　　　　第三者割当による方法とする。
3．募集株式の払込金額　　　　　　1株につき金1万円
4．払込期間　　　　　　　　　　　平成25年7月15日から
　　　　　　　　　　　　　　　　　平成25年7月31日まで
5．増加する資本金の額　　　　　　金500万円
6．増加する資本準備金の額　　　　金500万円
7．払込みを取り扱う金融機関　　　株式会社○○銀行　○○支店
　　　　　　　　　　　　　　　　　(住所：東京都○○区○○1-1-1)
　　　　　　　　　　　　　　　　　普通預金口座　1234567

書式2　取締役会議案例（株主割当による募集株式の発行）

第○号議案　募集株式発行の件

　議長は、会社法第199条第１項及び第202条並びに当社定款第○条の規定に基づき、下記のとおり募集株式を発行し、増資を行いたい旨を提案し、議場に諮ったところ、出席取締役の全員一致により、本議案を議長の提案どおり可決確定した。

記

１．割当方法	平成25年８月１日を基準日とし、基準日に株主名簿に記録されている株主に対し、募集株式の引受けの申込みをすることにより株式の割当を受ける権利を与えるものとする。
２．募集株式の引受けの申込期日	平成25年８月16日
３．発行する募集株式の種類及び数	普通株式　1,000株
４．募集株式の払込金額	１株につき金１万円
５．払込期日	平成25年８月31日
６．増加する資本金の額	金500万円
７．増加する資本準備金の額	金500万円
８．払込みを取り扱う金融機関	株式会社○○銀行　○○支店 （住所：東京都○○区○○１−１−１） 普通預金口座　1234567

書式3　株主総会議案例（第三者割当・ＤＥＳによる募集株式の発行）

第○号議案　募集株式発行の件

　議長は、会社法第199条１項の規定に基づき下記のとおり、募集株式を発行したい旨を述べ、その理由を詳細に説明した。
　議長が議場にその承認を求めたところ、満場一致で可決されたため、議長は本案が原案どおり可決された旨を宣言した。

記

１．発行する募集株式の種類及び数
　　　普通株式　100株
２．割当方法
　　　第三者割当による方法とする。
３．現物出資に関する事項
　　　平成25年７月15日金銭消費貸借契約に基づく株式会社ABCD（住所：東京都○○区○○二丁目３番４号）の当社に対する貸付金債権（無利息、期限の定めなし。）　金100万円
４．募集株式１株と引換えに給付する財産の額
　　　金１万円
５．３．の財産の給付の期日
　　　平成25年７月31日
６．増加する資本金及び資本準備金の額
　　　増加する資本金の額　　　金100万円
　　　増加する資本準備金の額　金　　０円

書式4 株主総会議案例（第三者割当・総数引受契約による募集株式の発行）

第○号議案　募集株式発行の件

　議長は、会社法第199条1項及び第205条の規定に基づき下記のとおり、募集株式を発行したい旨を述べ、その理由を詳細に説明した。
　議長が議場にその承認を求めたところ、満場一致で可決されたため、議長は本案が原案どおり可決された旨を宣した。

記

1．発行する募集株式の種類及び数	普通株式　1,000株
2．割当方法	第三者割当による方法とし、次の者と総数引受契約によって行う。 　東京都××区○○五丁目1番2号 　株式会社　ABCD
3．募集株式の払込金額	1株につき金1万円
4．払込期日	平成25年7月31日
5．増加する資本金の額	金500万円
6．増加する資本準備金の額	金500万円
7．払込みを取り扱う金融機関	株式会社○○銀行　○○支店 （住所：東京都○○区○○1-1-1） 普通預金口座　1234567

書式5　募集株式の総数引受契約書例

募集株式の総数引受に関する契約書

　株式会社星光商事（以下「甲」という）と株式会社ABCD（以下「乙」という）は、以下のとおり契約を締結する。

第1条（募集株式の発行）
　甲は、甲の平成25年7月31日開催の臨時株主総会決議に基づき、乙に対し甲の普通株式1,000株（以下募集株式という）を払込金額金1000万円（1株につき金1万円）で下記のとおり割り当て、乙は係る募集株式の総数を引き受ける。

記

　　　割当先　　　　乙
　　　割当株式数　　1,000株
　　　払込金額　　　金1000万円

第2条（募集株式の払込）
　募集株式の払込期日は平成25年8月20日とする。
2　乙は、第1項の期日に甲の下記銀行口座に、前条記載の払込金額を払い込むものとする。

記

　　　株式会社○○銀行　　○○支店
　　　普通預金　口座番号　1234567

第3条（規定外事項の処理）
　本契約に規定のない事項の処理に関しては、甲及び乙が誠意をもって協議を行うものとする。

　以上、本契約の成立を証するため本契約書を2通作成し、甲及び乙が記名又は署名押印の上、甲及び乙が各1通ずつこれを保有する。

平成25年8月1日

　（甲）東京都××区××五丁目2番1号
　　　　株式会社星光商事
　　　　　代表取締役　星　光男　　㊞

　（乙）東京都××区○○五丁目1番2号
　　　　株式会社ABCD
　　　　　代表取締役　甲田太朗　　㊞

第6章　募集株式の発行による増資・減資等に関する議事録と登記

書式6 株主総会議案例（募集事項の決定を取締役会に委任する場合）

第○号議案　第三者割当による募集株式発行の件

　議長は、第三者割当による募集株式の発行を行いたい旨を説明し、下記事項を議場に諮ったところ、出席株主の議決権の3分の2以上の賛成を得て、本議案は原案どおり承認可決された。

記

(1)　募集株式の種類及び上限数　　普通株式　1,000株
(2)　募集株式の払込金額の下限　　金1万円
(3)　その他の事項　　　　　　　　その他募集事項の決定は取締役会に委任する。

書式7 取締役会議案例（株主総会の委任により募集事項を決定する場合）

第○号議案　第三者割当による募集株式発行の件

　議長は、平成25年7月1日開催の臨時株主総会の第○号議案の決議に基づき、下記の要項で募集株式を発行し、増資を行いたい旨を提案し、議場に諮ったところ、出席取締役は全員異議なく原案どおり承認可決した。

記

1．発行する募集株式の種類及び数
　　普通株式　500株
2．割当てに関する事項
　　第三者割当てによる方法とし、山本一郎（住所：東京都○○区○○二丁目3番4号）から引受けの申込みがされることを条件に、山本一郎に普通株式500株を割り当てる。
3．募集株式の払込金額
　　1株につき金1万円（総額金500万円）
4．払込期日
　　平成25年7月22日
5．増加する資本金の額及び資本準備金に関する事項
　　増加する資本金の額　　　金500万円
　　増加する資本準備金の額　金0円
6．払込取扱場所
　　株式会社○○銀行　○○支店（住所：東京都○○区○○1-1-1）
　　普通預金口座　1234567

書式8　募集株式の引受申込書例

募集株式引受申込書

引受けの申込みをする株式の種類及び数　普通株式　500株

　貴社定款及び本書記載事項を承認の上、上記のとおり株式を引受けたく、ここに申し込みます。

平成25年7月7日

　申　込　人

　（住　所）　東京都○○区○○二丁目3番4号

　（氏　名）　山本一郎　　　　　　　　　　　㊞

株式会社星光商事　代表取締役　星　光男　殿

記

1．商号　　　　　　　　　株式会社星光商事
1．本店所在地　　　　　　東京都××区××五丁目2番1号
1．払込みを取り扱う金融機関　株式会社○○銀行　○○支店
　　　　　　　　　　　　（住所：東京都○○区○○1－1－1）
　　　　　　　　　　　　普通預金口座　1234567
1．募集事項
　(1)　募集株式の種類及び数　　普通株式　500株
　(2)　割当方法　　　　　　　　第三者割当てによる方法とし、山本一郎（住所：東京都○○区○○二丁目3番4号）から引受けの申込みがされる

　　　　　　　　　　　　　ことを条件に、山本一郎に普通株式
　　　　　　　　　　　　　500株を割り当てる。
　(3) 募集株式の発行価額　　1株につき金1万円
　(4) 払込期日　　　　　　　平成25年7月22日
　(5) 増加する資本金の額及び資本準備金に関する事項
　　　　増加する資本金の額　金500万円
　　　　増加する資本準備金の額　金0円
１．その他の事項
　(1) 発行可能株式総数　　　4,000株
　(2) 発行済株式の種類及び数　普通株式　1,000株
　(3) 資本金の額　　　　　　金1000万円
　(4) 株式の譲渡制限に関する規定　当会社の株式を譲渡により取得
　　　　　　　　　　　　　するには、取締役会の承認を受
　　　　　　　　　　　　　けなければならない。

書式9　取締役会議案例（募集株式の割当）

第○号議案　募集株式割当の件

　議長は、平成25年7月15日開催の臨時株主総会により決議された募集株式発行の件について、下記のとおり募集株式の引受けの申込みがなされた旨を報告した。ついで議長は、申込みのとおり募集株式の割当を行いたい旨を述べ、議場に諮ったところ、出席取締役は全員異議なくこれを承認可決した。

　　　　　　　　　　　　　記

１．申込人の住所及び氏名　　東京都○○区○○六丁目7番8号　乙
　　　　　　　　　　　　　田六助
１．申込み株式の種類及び数　普通株式　1,000株

書式10 株主総会議案例（取締役会非設置会社で募集事項の決定と同時に割当決議をする場合）

第〇号議案　募集株式発行の件

　議長は、会社法第199条第1項の規定に基づき下記のとおり、募集株式を発行したい旨を述べ、その理由を詳細に説明した後、賛否を議場に諮ったところ、出席株主の議決権の3分の2以上の賛成を得て、本議案は原案どおり可決された。

記

1．発行する募集株式の種類及び数　　普通株式　1,000株
2．割当方法　　　　　　　　　　　　第三者割当による方法とする
3．募集株式の払込金額　　　　　　　1株につき金1万円
4．払込期間　　　　　　　　　　　　平成25年7月15日から
　　　　　　　　　　　　　　　　　　平成25年7月31日まで
5．増加する資本金の額　　　　　　　金500万円
6．増加する資本準備金の額　　　　　金500万円
7．払込みを取り扱う金融機関　　　　株式会社〇〇銀行　〇〇支店
　　　　　　　　　　　　　　　　　　（住所：東京都〇〇区〇〇1-1-1）
　　　　　　　　　　　　　　　　　　普通預金口座　1234567

第〇号議案　募集株式割当の件

　議長は、第〇号議案において承認された募集株式の発行の件に関して、下記のとおり割当を行いたい旨を述べ、議場に諮ったところ、出席株主は満場異議なくこれを承認可決した。

記

1．割当先：東京都〇〇区〇〇七丁目8番9号　丙田七之助
2．割り当てる株式の種類及び数：普通株式　　1,000株
3．条件：上記の者より募集株式の引受けの申込みがされることを条件とする。

書式11 登記申請書例（募集株式の発行）

株式会社変更登記申請書

1．会社法人等番号　　　０１××－０１－１２３４××
1．商　　　　　号　　　株式会社星光商事
1．本　　　　　店　　　東京都××区××五丁目２番１号
1．登 記 の 事 由　　　募集株式の発行
1．登記すべき事項　　　別添ＣＤ－Ｒのとおり
1．課 税 標 準 金 額　　　金５００万円
1．登 録 免 許 税　　　金３万５０００円
1．添付書類
　　株主総会議事録　　　　　　　　　　　　　　　１通
　　取締役会議事録　　　　　　　　　　　　　　　１通
　　募集株式の引受けの申込みがあったことを証する書面　１通
　　払込みがあったことを証する書面　　　　　　　　１通
　　資本金の額の計上に関する証明書　　　　　　　　１通

上記のとおり登記の申請をします。

　平成２５年７月２３日

　　東京都××区××五丁目２番１号
　　申　請　人　　株式会社星光商事

　　東京都××区××七丁目３番２号
　　代表取締役　　星　光男
　　連絡先の電話番号　０３－１２３４－５６７８

東京法務局××出張所　御中

第6章　募集株式の発行による増資・減資等に関する議事録と登記

書式12 登記すべき事項の入力例（募集株式の発行）

「発行済株式の総数」１５００株
「原因年月日」平成２５年７月２２日変更
「資本金の額」金１５００万円
「原因年月日」平成２５年７月２２日変更

書式13 資本金の額の計上に関する証明書例

資本金の額の計上に関する証明書

①払込みを受けた金銭の額（会社計算規則第14条第１項第１号）
　　金500万円
②給付を受けた金銭以外の財産の給付があった日における当該財産の価額（会社計算規則第14条第１項第２号）
　　金０円
③資本金等増加限度額（①＋②）
　　金500万円
④資本金等増加限度額のうち資本金として計上する額
　　金500万円
⑤資本金等増加限度額のうち資本準備金として計上する額
　　金０円

　募集株式の発行により増加する資本金の額金500万円は、会社法第445条及び会社計算規則第14条の規定に従って計上されたことに相違ないことを証明する。
　なお、本募集株式の発行においては、自己株式の処分を伴わない。

平成25年７月22日

　　　　　　　　東京都××区××五丁目２番１号
　　　　　　　　　株式会社星光商事
　　　　　　　　　代表取締役　星　光男

書式14 払込みがあったことを証する書面例

払込証明書

　平成25年7月1日付臨時株主総会決議及び同日付取締役会決議に基づき発行した当社募集株式500株の払込金総額が、下記のとおり、払い込まれたことを証明します。

記

払込金総額　　　　　金500万円
払込取扱場所　　　　株式会社〇〇銀行　〇〇支店
　　　　　　　　　　（住所：東京都〇〇区〇〇1-1-1）
　　　　　　　　　　普通預金口座　1234567
払込期日　　　　　　平成25年7月22日

平成25年7月22日

　　　　　　　東京都××区五丁目2番1号
　　　　　　　　　株式会社星光商事
　　　　　　　　　代表取締役　星　光男　㊞

第6章　募集株式の発行による増資・減資等に関する議事録と登記

書式15 株主総会議案例（新株予約権の募集事項の決定を取締役会へ委任する場合）

第○号議案　新株予約権の発行の件

　議長は、末尾添付招集通知の株主総会参考書類○頁〜○頁記載の要項で、会社法第236条、第238条及び第239条の規定に基づき、ストックオプションとして、株主以外の者に対して特に有利な条件で新株予約権を無償発行したい旨、また、募集事項の決定は、取締役会に委任とされたい旨を述べ、その承認の可否を議場に諮ったところ、出席株主は満場一致でこれを承認可決した。

書式16 取締役会議案例（株主総会の委任を受け新株予約権の募集事項を決定する場合）

第○号議案　従業員へのストックオプションとしての新株予約権発行の件

　議長は、平成25年5月27日開催の第○回定時株主総会第○号議案の決議（新株予約権の発行の件）に基づき、平成25年10月1日をもって、別紙1「第1回新株予約権の発行要項」記載のとおり新株予約権を発行し、付与対象者と別紙2「第1回新株予約権割当契約」を締結し新株予約権を割当てたい旨を述べ、議場に諮ったところ、出席取締役は全員一致でこれを承認可決した。

書式17 新株予約権発行要項例

第1回新株予約権発行要項

1．新株予約権の数
   10個
   　新株予約権1個につき目的である株式（以下「付与株式」）は、普通株式10株とする。ただし、下記2．に規定する株式数の調整を行った場合は、1個当たりの株式数に同様の調整を行う。）
2．新株予約権の目的たる株式の種類及び数又はその算定方法
   普通株式　　100株
   　当社が当社普通株式につき、株式分割（当社普通株式の無償割当てを含む。以下、株式分割の記載につき同じ。）又は株式併合を行う場合には、付与株式数を次の算式により調整し、調整の結果生じる1株未満の端数は、これを切り捨てるものとする。
   　　調整後株式数＝調整前株式数×分割・併合の比率
   　また、上記の他、付与株式数の調整を必要とするやむを得ない事由が生じたときは、合理的な範囲で付与株式数を調整する。
3．新株予約権の払込み金額
   　　無償とする（新株予約権と引換えに金銭の払込みを要しない）。
4．新株予約権の行使に際して出資される財産の価額又はその算定方法
   　新株予約権の行使に際して出資される財産の価額は、1株あたり金10万円（以下「行使価額」）とし、本新株予約権1個あたりの行使に際して出資される財産の価額は、行使価額に当該新株予約権の目的たる株式数を乗じた金額とする。なお、当社が株式分割又は株式併合を行う場合はその分割又は併合の比率に応じ、次の算式により調整されるものとし、調整により生じる1円未満の端数は切り上げる。

$$調整後行使価格 = 調整前行使価格 \times \frac{1}{株式分割・株式併合の比率}$$

　また、当社が行使価額（当初金100万円）を下回る価額で株式

を発行又は自己株式を処分するとき（取得請求権付株式、取得条項付株式、募集新株予約権（新株予約権付社債に付されたものを含む）等の発行が、当社普通株式の発行と同視すべきものとされる場合を含む。）は、次の算式により行使価額を調整し、調整の結果1円未満の端数が生じた時はこれを切り上げる。

$$調整後行使価額 = 調整前行使価額 \times \frac{既発行株式数 + \frac{新規発行株式数 \times 1株当たり払込金額}{調整前行使価額}}{既発行株式数 + 新規発行株式数}$$

上記算式において「既発行株式数」とは、発行済株式総数からその保有する自己株式数を控除した数とし、自己株式の処分を行う場合には、「新規発行株式数」を「処分する自己株式数」、「1株当たりの払込金額」を「1株当たりの処分金額」に読み替えるものとする。さらに、当社が合併等を行う場合、株式の無償割当てを行う場合には、合併等の条件、株式の無償割当ての条件等を勘案の上、合理的な範囲内で行使価額を調整することができる。

5．新株予約権を行使することができる期間
　　平成25年12月1日から平成35年3月31日まで
6．新株予約権の行使の条件
　①新株予約権の割当てを受けたものは、権利行使時において、当社又は当社子会社の取締役、監査役又は従業員の地位にあることを要する。ただし、任期満了による退任又は定年退職による場合にはこの限りではない。
　②新株予約権者が死亡した場合には、相続人がこれを行使できるものとする。
7．会社が新株予約権を取得することができる事由及び取得の条件
　　新株予約権の割当てを受けた者が、その割当てを受けた時点に在籍していた会社における取締役、監査役又は従業員の地位を失った場合には（ただし、任期満了による退任又は定年退職によ

る場合を除く)、当社は一定の日を定め、新株予約権の全部又は一部につき無償で取得することができる。
8. 新株予約権の行使により株式を発行する場合における増加する資本金及び資本準備金に関する事項

　　資本金等増加限度額として会社計算規則第17条第1項に定める額の2分の1の額を資本金として計上し（計算の結果1円未満の端数を生じる場合はその端数を切り上げた額とする）、その残額を資本準備金とする。
9. 新株予約権の行使により発生する端数の切捨て

　　新株予約権者に交付する株式の数に1株に満たない端数がある場合には、これを切り捨てるものとする。
10. 新株予約権の譲渡制限

　　新株予約権を譲渡により取得するには、取締役会の承認を受けなければならない。
11. 新株予約権証券に関する事項

　　本新株予約権に係る新株予約権証券を発行しないものとする。
12. 組織再編時の新株予約権の取扱い

　　（組織再編時の新株予約権の取扱いに関する記載について省略）
13. 新株予約権の付与対象者

付与対象者氏名	付与対象者の地位	割当個数
甲野　一郎	従業員	5個
乙野　次郎	従業員	3個
丙野　三郎	従業員	2個

14. 新株予約権の割当日

　　平成25年10月1日

書式18 登記申請書例（新株予約権の発行）

株式会社変更登記申請書

1. 会社法人等番号　　０１××－０１－１２３４××
1. 商　　　　　号　　株式会社星光商事
1. 本　　　　　店　　東京都××区××五丁目２番１号
1. 登 記 の 事 由　　新株予約権の発行
1. 登記すべき事項　　別添ＣＤ－Ｒのとおり
1. 登 録 免 許 税　　金９万円
1. 添 付 書 類　　株主総会議事録　　　　　　　１通
　　　　　　　　　　取締役会議事録　　　　　　　１通
　　　　　　　　　　募集新株予約権の引受けの申込みが
　　　　　　　　　　あったことを証する書面　　　３通

上記のとおり登記の申請をします。

　　平成２５年１０月２日

　　東京都××区××五丁目２番１号
　　申　請　人　　株式会社星光商事

　　東京都××区××七丁目３番２号
　　代表取締役　　星　光男　　　　㊞
　　連絡先の電話番号　０３－１２３４－５６７８

東京法務局××出張所　御中

書式19　登記すべき事項の入力例（新株予約権の発行）

「新株予約権の名称」第1回新株予約権
「新株予約権の数」
１０個
新株予約権１個につき目的である株式（以下「付与株式」）は、普通株式１０株とする。ただし、下記２．に規定する株式数の調整を行った場合は、１個当たりの株式数に同様の調整を行う。）
「新株予約権の目的たる株式の種類及び数又はその算定方法」
普通株式　１００株
当社が当社普通株式につき、株式分割（当社普通株式の無償割当てを含む。以下、株式分割の記載につき同じ。）又は株式併合を行う場合には、付与株式数を次の算式により調整し、調整の結果生じる１株未満の端数は、これを切り捨てるものとする。

　　調整後株式数＝調整前株式数×分割・併合の比率

また、上記の他、付与株式数の調整を必要とするやむを得ない事由が生じたときは、合理的な範囲で付与株式数を調整する。
「募集新株予約権の払込み金額若しくはその算定方法又は払込を要しないとする旨」
無償とする（新株予約権と引換えに金銭の払込みを要しない）。
「新株予約権の行使に際して出資される財産の価額又はその算定方法」
新株予約権の行使に際して出資される財産の価額は、１株あたり金１０万円（以下「行使価額」）とし、本新株予約権１個あたりの行使に際して出資される財産の価額は、行使価額に当該新株予約権の目的たる株式数を乗じた金額とする。なお、当社が株式分割又は株式併合を行う場合はその分割又は併合の比率に応じ、次の算式により調整されるものとし、調整により生じる１円未満の端数は切り上げる。

$$調整後行使価格 ＝ 調整前行使価格 \times \frac{1}{株式分割・株式併合の比率}$$

また、当社が行使価額（当初金１００万円）を下回る価額で株式を発行又は自己株式を処分するとき（取得請求権付株式、取得条項付株式、募集新株予約権（新株予約権付社債に付されたものを含む）等の発行

が、当社普通株式の発行と同視すべきものとされる場合を含む。）は、次の算式により行使価額を調整し、調整の結果１円未満の端数が生じた時はこれを切り上げる。

$$調整後行使価額 = 調整前行使価額 \times \frac{既発行株式数 + \frac{新規発行株式数 \times １株当たり払込金額}{調整前行使価額}}{既発行株式数＋新規発行株式数}$$

上記算式において「既発行株式数」とは、発行済株式総数からその保有する自己株式数を控除した数とし、自己株式の処分を行う場合には、「新規発行株式数」を「処分する自己株式数」、「１株当たりの払込金額」を「１株当たりの処分金額」に読み替えるものとする。さらに、当社が合併等を行う場合、株式の無償割当てを行う場合には、合併等の条件、株式の無償割当ての条件等を勘案の上、合理的な範囲内で行使価額を調整することができる。

「新株予約権を行使することができる期間」
平成２５年１２月１日から平成３５年３月３１日まで
「新株予約権の行使の条件」
①新株予約権の割当てを受けたものは、権利行使時において、当社又は当社子会社の取締役、監査役又は従業員の地位にあることを要する。ただし、任期満了による退任又は定年退職による場合にはこの限りではない。
②新株予約権者が死亡した場合には、相続人がこれを行使できるものとする。
「会社が新株予約権を取得することができる事由及び取得の条件」
新株予約権の割当てを受けた者が、その割当てを受けた時点に在籍していた会社における取締役、監査役又は従業員の地位を失った場合には（ただし、任期満了による退任又は定年退職による場合を除く）、当社は一定の日を定め、新株予約権の全部又は一部につき無償で取得することができる。
「原因年月日」平成２５年１０月１日発行

書式20 株主総会議案例（資本金の額の減少）

第○号議案　資本金の額の減少の件

　議長は、下記要項で当社の資本金の額を減少したい旨を述べ議場に諮ったところ、出席株主は満場一致でこれを承認可決した。

記

1．資本金の額の減少の理由
　　資本金を減少することにより、法人税の軽減税率の適用など、租税に関するメリットを享受するため。
2．資本金の額の減少の内容
　(1)　減少する資本金の額
　　　当会社の資本金の額1億1000万円のうち1000万円を減少し、その他資本剰余金に振り替え、減少後の資本金の額を1億円とする。
　(2)　資本金の額の減少の内容
　　　払戻しを行わない無償減資とし、発行済株式総数の変更は行わない。
　(3)　資本金の額の効力発生日
　　　平成25年8月31日

書式21 登記申請書例（資本金の額の減少）

株式会社変更登記申請書

1. 会 社 法 人 等 番 号　　０１××－０１－１２３４××
1. 商　　　　　　　　号　　株式会社星光商事
1. 本　　　　　　　　店　　東京都××区××五丁目２番１号
1. 登 記 の 事 由　　資本金の額の減少
1. 登記すべき事項　　平成２５年８月３１日次のとおり変更
　　　　　　　　　　　　資本金の額　金１億円
1. 登 録 免 許 税　　３万円
1. 添 付 書 類　　株主総会議事録　　　　　　　　１通
　　　　　　　　　　　　公告及び催告をしたことを証する書面
　　　　　　　　　　　　並びに異議を述べた債権者がいない旨
　　　　　　　　　　　　の証明書　　　　　　　　　　　２通

上記のとおり登記の申請をします。

　平成２５年９月１日

　　東京都××区××五丁目２番１号
　　申　請　人　　株式会社星光商事

　　東京都××区××七丁目３番２号
　　代表取締役　　星　光男
　　連絡先の電話番号　０３－１２３４－５６７８

東京法務局××出張所　御中

書式22 資本減少に関する債権者への催告書例

催　告　書

平成25年7月19日

債権者各位

東京都××区××五丁目2番1号
株式会社星光商事
代表取締役　星　光男

拝啓　時下益々ご清栄のこととお慶び申し上げます。
　さて、当会社は、平成25年7月1日付臨時株主総会の決議により、下記1記載の要項で資本金の額を減少する旨を決議いたしました。
　この資本金の額の減少に対して異議のある債権者の方は、本催告から1か月以内に当会社へその旨お申し出下さい。
　なお、当会社の最終の貸借対照表の開示状況は、下記2のとおりです。

敬具

記1

1．資本金の額の減少の理由
　　資本金を減少することにより、法人税の軽減税率の適用など、租税に関するメリットを享受するため。
2．資本金の額の減少の内容
　(1)　減少する資本金の額
　　当会社の資本金の額1億1000万円のうち1000万円を減少し、その他資本剰余金に振り替え、減少後の資本金の額を1億円とする。
　(2)　資本金の額の減少の内容

払戻しを行わない無償減資とし、発行済株式総数の変更は行わない。
⑶　資本金の額の効力発生日
　　平成25年8月31日

記2

最終の貸借対照表の開示状況
　掲　載　紙　　官報
　掲載の日付　　平成25年6月○日
　掲　載　頁　　○頁（号外○号）

本件についてのお問い合わせは、下記にて承ります。

○○部　○○課　担当：○○部部長小田信忠、小田信雄
電話番号　03-3210-1234
E-mail　hoshimitu.daihyo@XXX.XX.XX

＊　本催告は、会社法第449条第2項の規定に基づき行っているものです。
＊　ご異議のない債権者の方は、何らお手続きをお取りいただく必要はございません。

書式23 催告をしたことを証する書面例（兼異議を述べた債権者がいない旨の証明書）

証　明　書

平成25年9月1日

東京都××区××五丁目2番1号
　　　　株式会社星光商事
　　　　代表取締役　星　光男　㊞

　当会社は、平成25年7月1日付臨時株主総会の決議により、資本金の額を減少する旨の決議をし、会社法第449条第2項の規定に基づき、平成25年7月○日付官報公告（掲載紙：号外第○号○頁）に減資公告を掲載し、あわせて後記記載の知れている債権者に別紙「催告書」様式をもって、各別に催告をしましたが、所定の期間内に本件資本金の額の減少に関して異議を述べた債権者はいませんでした。

催告書送付先債権者名簿

氏名又は商号	住所又は本店	催告書発送日
株式会社○○銀行	〒12×-×××× ○○県○○市○○1番地1	平成25年7月19日
△△銀行株式会社	〒54×-×××× ○○県○○市○○1番地1	平成25年7月19日
××金融株式会社	〒54×-×××× 大阪府××区××893番地	平成25年7月19日

　以上、証明します。

書式24 株主総会議案例（剰余金の配当）

第○号議案　剰余金の配当の件

　議長は、下記のとおり剰余金の配当を行いたい旨を提案し、その賛否を議場に諮ったところ、満場異議なく承認可決した。

記

1．配当財産の種類　　　　　　　　　　金銭とする
2．株主への配当財産の割当に関する事項
　　　　普通株式1株につき　　　　　　金100円
　　　　配当金の総額　　　　　　　　　金200万円
3．剰余金の配当の効力発生日　　　　　平成25年5月28日

第7章

定款変更・本店移転に関する議事録と登記

1 定款変更のしくみについて知っておこう

株主総会での決議が必要になる

● 定款変更とは

　株式会社の定款に記載される事項には、①定款に必ず記載しなくてはならない絶対的記載事項、②記載を欠いても定款の有効性には影響しないが、法律の規定によって、定款に記載しなければ効力を持たないこととされている相対的記載事項、③定款へ記載しなくとも定款自体の効力には影響せず、かつ、定款外においても定めることができる任意的記載事項の3つがあります。絶対的記載事項は、①商号、②目的、③本店の所在地、④設立時の設立に際して出資される財産の価格又はその最低額、⑤発起人の氏名又は名称及び住所、⑥発行可能株式総数となっており、会社設立時の定款には、①から⑥に関する規定が必ず設けられています（④、⑤は設立時の定款には必ず記載すべき事項ですが、235ページから236ページのように、設立後に既に不要な条項として削除することは可能です）。

　定款には、上記の絶対的記載事項の他、株式の譲渡制限に関する規定、公告の方法、事業年度など会社の基礎となる重要事項が定められています。会社が事業を継続していく上で、定款に記載されているこれらの重要事項を変更する必要が生じることがあると思いますが、定款の変更には、原則として株主総会の特別決議が必要になります。

● 会社の機関設計の変更

　会社の機関を変更する場合にも必ず定款変更が伴います。たとえば、会社設立時は取締役会と監査役を設置している会社が、取締役の辞任等により、取締役の法定員数を確保できず、取締役会を廃止する場合や、取締役会の廃止に伴い監査役を廃止する場合、逆に会社設立時は

取締役が1名のみであった会社が事業規模の拡大や取締役の員数の増加に伴い取締役会と監査役を設置する場合も定款変更が必要になります。取締役会設置会社の定款と取締役会非設置会社の定款は内容が大きく異なりますので、取締役会を廃止する場合も、取締役会を設置する場合もどちらも大幅な定款の見直しが必要になるといえるでしょう。

● 定款の変更と変更登記

　定款の変更を行った場合、その変更事項が登記事項（52ページ）に該当するかを確認し、登記事項に該当する場合は、原則として2週間以内に本店所在地を管轄する登記所において、その変更登記をする必要があります。

　定款変更に伴い変更登記が必要になる事項で前章までで触れたものは、株式の譲渡制限に関する規定の設定、株券を発行する旨の定めの廃止等がありますが、その他に以下の事項に関する定款変更をした場合に、その変更登記が必要になります。

(1)　**商号変更**

　定款変更し、会社の商号（社名）を変更した場合は、その変更登記が必要になります。商業登記法上、会社は、同一の本店所在地に同一の商号がない限り、どのような商号を選択することもできますが、一般的に周知されている会社名や商品名に類似した商号に変更してしまうと、その会社・商品に不利益を与えてしまうおそれや、第三者を誤認させ、不利益を与えてしまうおそれがあり、後日争いになる可能性が考えられます。商号を変更する場合には、この点に注意してください。

　商号に使用することができるのは、①日本語、②ローマ字（大文字のAからZと小文字のaからz）、③アラビア数字（0から9）、④符号（「＆」、「'」、「,」、「-」、「.」、「・」）です。符号は、日本語を含む字句を区切る場合に限り使用することができ、商号の先頭や末尾（ピリ

オドは省略を表す符号として末尾に使用可能）に使用することはできません。

　また、商号変更に伴い、会社代表印の印影を変更する必要が生じる場合もありますので（印影の変更は義務ではありません）、必要に応じて、商号変更登記の際に印影の変更も行いましょう。

⑵　**目的変更**

　会社は定款の目的に規定されていない事業を行うことができないので、新たな事業を行う場合は、定款変更をし、目的の追加をする必要があります。目的変更をした場合も、その変更登記が必要となります。

　会社の目的をどの程度具体的に定めるかは登記官の審査の対象とはなりませんので、客観的に見て明確であり、かつ適法であれば会社の事業目的として規定することが可能です（また株式会社は、一定の営利性を目的とする必要があるとされているので、たとえば「政治献金」だけを目的とする会社となるような定款変更はできません）。

　なお、会社は定款の目的に規定した事業を必ず行わなければならないわけではありませんので、後日の手続きや登録免許税の省略・節約のために、会社の目的を変更する際は、会社の将来を見据えて、今後行う可能性のある事業についても、あわせて目的として規定するのもよいでしょう。

⑶　**公告方法の変更**

　会社は、株券の提出に関する公告や、基準日（55ページ）の設定の公告をする際の公告方法として、①官報に掲載する方法、②時事に関する事項を掲載する日刊新聞紙に掲載する方法、③電子公告のいずれかを定款で定めることができます（定款で定めがない場合の公告方法は、①の官報に掲載する方法となります）。

　なお、③の電子公告を選択した場合、「事故その他やむを得ない事由によって電子公告による公告をすることができない場合」の公告方法として、官報や日刊新聞紙による公告方法を予備的に定めることが

可能です。

　定款で定められている公告方法を変更した場合にも、変更登記が必要になります。③の電子公告を選択した場合、電子公告を閲覧するためのURLも登記する必要がありますが、定款にはURLまで定める必要はありません。

● 本店移転と本店移転登記

　会社の本店所在地は、定款の絶対的記載事項ですが、定款には最小行政区画（市町村や東京都における区のこと）まで定めればよいとされています。したがって、本店移転をする際には、定款変更が必要な場合と、定款変更が不要な場合があります。

■ 本店移転登記手続き

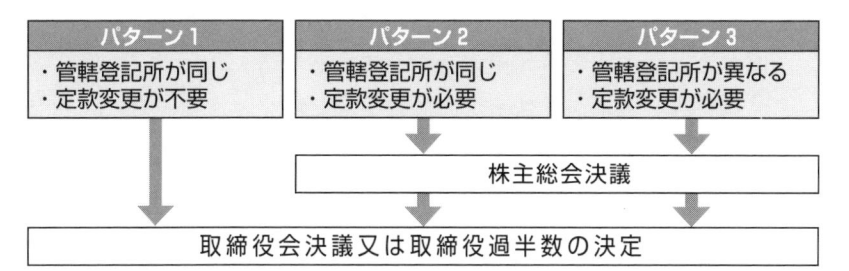

パターン1	パターン2	パターン3
・管轄登記所が同じ ・定款変更が不要	・管轄登記所が同じ ・定款変更が必要	・管轄登記所が異なる ・定款変更が必要

（パターン2・3）→ 株主総会決議

→ 取締役会決議又は取締役過半数の決定

登記申請	登記申請	登記申請
・現在の管轄登記所に本店移転登記申請	・現在の管轄登記所に本店移転登記申請	・旧本店所在地の管轄登記所と新本店所在地の管轄登記所に本店移転登記申請（同時・経由申請）

登記必要書類	登記必要書類	登記必要書類
・取締役会議事録又は取締役決定書	・株主総会議事録 ・取締役会議事録又は取締役決定書	・株主総会議事録 ・取締役会議事録又は取締役決定書 ・印鑑届書 ・印鑑カード交付申請書

定款変更が必要な場合は、株主総会決議で定款変更をして、取締役会（取締役会非設置会社においては取締役の過半数の決定）で、本店移転後の具体的な本店所在場所、本店移転日を決定します。なお、定款で具体的な本店所在場所まで規定することも可能ですが、この場合、本店移転には必ず定款変更が必要となります。

　本店移転をした場合には本店移転登記が必要になります。本店移転登記は、元の本店所在地（旧本店）と新しい本店所在地（新本店）によって、登記申請の方法が異なります。

① 旧本店と新本店が同一の登記所の管轄の場合

　この場合は、現在の本店所在地を管轄する登記所（管轄登記所）に本店移転登記申請を申請すれば足ります。ただし、旧本店と新本店の管轄登記所が同じであっても定款変更が必要な場合がありますので、注意が必要です。本店所在地に関する会社の定款規定をよく確認するようにしてください。

② 旧本店と新本店の登記所の管轄が異なる場合

　この場合は、旧本店と新本店の両管轄登記所に本店移転登記を申請する必要があります。商業登記法上、旧本店の管轄登記所宛と新本店の管轄登記所宛の登記申請書を、旧本店の管轄登記所に対して、同時に申請し、新本店の管轄登記所には、旧本店の管轄登記所を経由して登記申請をすることになっています。また、新本店の管轄登記所には、会社の印鑑が登録されていませんので、本店移転登記と同時に会社代表印の届出も必要になりますので注意してください。

2 定款変更・本店移転に関する書式作成の注意点

本店移転をするときは定款変更が必要かを確認する

● 商号・目的・公告方法の変更に関する株主総会議案例（書式1）

　定款変更に関する議案は、新旧対照表を用いるなどして、変更部分が明確になるように記載するとよいでしょう。また、新旧対照表など、定款変更の内容は、株主総会議事録の本文中に記載する必要はありませんので、分量が多い場合は、別紙などを用いるのもよいでしょう。

　なお、書式1では取締役の任期と事業年度の変更も行っていますが、取締役の任期と事業年度は登記事項ではありません。

● 商号・目的・公告方法の変更に関する登記申請書例（書式2、書式3）

　商号・目的・公告方法の変更登記を書式2のように1件で申請する場合の登録免許税は3万円です。商号の変更登記を申請する場合、登記申請書の冒頭の商号の欄には、旧商号を記載し、末尾の申請人の欄には新商号を記載します。また、書式2は、新商号の会社代表印を押印していますが、この場合は登記申請と同時に改印届（102ページ）が必要になります。なお、電子公告に関するURLの決定に関しては、株主総会、取締役会など機関決定は不要とされています。

● 本店の所在地の変更に関する株主総会議案例（書式4）

　本店移転の前提として、定款変更が必要になる場合の株主総会議事録の議案例です。附則には、「株主総会終結以降に開催される取締役会において、具体的な本店移転を決議したら、その本店移転日に定款変更の効力が発生する」旨が規定され、また、本店移転後自動的に附則が消滅するような規定をしている例になります。これは、定款規定

と実際の本店所在場所に不一致が生じないようにするための規定です。

● 新本店の具体的所在場所・移転年月日の決定に関する取締役会議案例（書式5）

　取締役会では、新しい本店所在場所を具体的に定め、また本店移転日（通常は新本店での業務開始日とします）を定めます。

　なお、本店所在場所、本店移転日の決定は、業務執行に関する決定なので、取締役会非設置会社の場合は、取締役の過半数の一致で決定することになります。

● 本店移転・代表取締役の住所変更に関する登記申請書例（旧本店所在地の管轄登記所宛）（書式6、書式7）

　書式6、書式7は、209ページ図パターン3の場合の旧本店所在地の管轄登記所宛の登記申請書例です。登記申請書の冒頭の本店の欄には、旧本店を記載し、末尾の申請人の欄には新本店を記載します。

　書式6は、本店移転と同時期に代表取締役も転居しており、代表取締役の住所変更登記も同時に申請する書式になっています。

　代表取締役の住所地を会社の本店にしている場合などは、代表取締役の住所変更登記も申請する必要がありますので注意してください。

　なお、他の登記所の管轄に本店移転した場合、旧本店の管轄登記所における会社の登記記録は閉鎖されます。したがって、本店移転前の登記事項証明書の取得を希望する場合は、「閉鎖登記事項証明書」を登記所に請求することになります。

　なお、本店移転登記の登録免許税は1箇所につき3万円、代表取締役の住所変更登記が1件につき1万円（資本金が1億円を超える場合は3万円）なので、書式6では、登録免許税の合計が4万円となっています。

● 本店移転登記に関する登記申請書例（新本店所在地の管轄登記所宛）（書式8、書式9）

　書式8は、209ページの図パターン3の場合の新本店所在地の管轄登記所宛の登記申請書例です。登記申請書の冒頭の本店の欄、末尾の申請人の欄には、共に新本店を記載します。

　書式8の登記申請書は、書式6の登記申請書と同時に旧本店所在地の管轄登記所に提出します（書式でいうと東京法務局新宿出張所に提出します）。同時申請であることがわかるように、書式6と書式8の登記申請書には、余白部分に鉛筆などで、1／2・2／2などと表示してください。

　なお、新本店所在地の管轄登記所において、新たに登記事項が全て記録されますので、書式9のように、登記すべき事項には、会社の登記事項（会社成立の年月日、役員の就任の年月日、現に効力を有する事項）をすべて記載することになります。

　また、新しい管轄登記所に、会社代表印を届け出る必要がありますので、印鑑届書（102ページ）の（注1）の欄に会社代表印を押印し、登記申請書と同時に提出する必要がありますので注意してください。

● 本店移転（定款変更が不要な場合）の登記申請書例（書式10）

　書式10は、209ページの図パターン1の場合の登記申請書例です。添付書類は取締役会議事録又は取締役の過半数の一致を証する書面のみとなります。

書式1 株主総会議案例（商号・目的・公告方法の変更）

第○号議案　定款一部変更の件

　議長は、当会社の定款を下記のとおり一部変更したい旨を述べ、その理由を議場に説明した。ついで、その変更の賛否を議場に諮ったところ、出席株主の議決権の3分の2以上の賛成を得て、本議案は原案どおり可決確定した。

記

現　行　定　款	変　更　案
（商号） 第1条　当会社は、株式会社星光商事と称する。	（商号） 第1条　当会社は、株式会社スターライト商事と称し、英文ではStar light Company, Inc.と表示する。
（目的） 第2条　当会社は、次の事業を営むことを目的とする。 　1．自動車部品の製作及び販売 　2．不動産の売買、賃貸及び管理 　3．前各号に付帯する一切の業務	（目的） 第2条　当会社は、次の事業を営むことを目的とする。 　1．自動車部品の製作及び販売並びに輸出入 　2．コンピュータソフトウェアの開発及び販売 　3．不動産の売買、賃貸及び管理 　4．衣料品、服飾品、文具等物品の販売及び輸出入 　5．前各号に附帯関連する一切の事業

（公告方法） 第4条　当会社の公告方法は、官報に掲載する。	（公告方法） 第4条　当会社の公告方法は、電子公告による方法とする。ただし、事故その他やむを得ない事由によって電子公告による公告をすることができない場合は、○○新聞に掲載する方法により行う。
（取締役の任期） 第25条　取締役の任期は、選任後2年以内に終了する事業年度のうち最終のものに関する定時株主総会の終結の時までとする。 ②　（略）	（取締役の任期） 第25条　取締役の任期は、選任後1年以内に終了する事業年度のうち最終のものに関する定時株主総会の終結の時までとする。 ②　（現行どおり）
（事業年度） 第26条　当会社の事業年度は、毎年4月1日から翌年3月31日までとする。	（事業年度） 第26条　当会社の事業年度は、毎年1月1日から同年12月31日までとする。

＊下線は変更箇所を示す。

| 書式2 | 登記申請書例（商号・目的・公告方法の変更）

株式会社変更登記申請書

1．会社法人等番号　　　０１××－０１－１２３４××
1．商　　　　　号　　　株式会社星光商事
1．本　　　　　店　　　東京都××区××五丁目2番1号
1．登 記 の 事 由　　　商号変更
　　　　　　　　　　　　公告をする方法の変更
　　　　　　　　　　　　目的の変更
1．登記すべき事項　　　別添ＣＤ－Ｒのとおり
1．登 録 免 許 税　　　金3万円
1．添 付 書 類　　　　株主総会議事録　　　　　　　1通

上記のとおり登記の申請をします。

　平成25年5月27日

　　東京都××区××五丁目2番1号
　　申　請　人　　株式会社スターライト商事

　　東京都××区××七丁目3番2号
　　代表取締役　　星　光男
　　連絡先の電話番号　　03－1234－5678

東京法務局××出張所　御中

書式3　登記すべき事項の入力例（商号・目的・公告方法の変更）

「商号」株式会社スターライト商事
「原因年月日」平成２５年５月２７日変更
「公告をする方法」
電子公告による方法とする。
ｈｔｔｐ：／／ｗｗｗ．○○．○○／ｈｏｕｔｅｉ．ｈｔｍｌ
ただし、事故その他やむを得ない事由によって電子公告による公告をすることができない場合は、○○新聞に掲載する方法により行う。
「原因年月日」平成２５年５月２７日変更
「目的」
１．自動車部品の製作及び販売並びに輸出入
２．コンピュータソフトウェアの開発及び販売
３．不動産の売買、賃貸及び管理
４．衣料品、服飾品、文具等物品の販売及び輸出入
５．前各号に附帯関連する一切の事業
「原因年月日」平成２５年５月２７日変更

書式4 株主総会議案例（本店の所在地の変更）

第○号議案　定款一部変更の件

　議長は、当会社の本店を移転するため当会社の定款を下記のとおり一部変更したい旨を述べ、その賛否を議場に諮ったところ、出席株主の議決権の3分の2以上の賛成を得て、本議案は原案どおり承認可決された。

記

現　行　定　款	変　更　案
（本店所在地） 第3条　当会社は、本店を東京都<u>新宿区</u>に置く。	（本店の所在地） 第3条　当会社は、本店を東京都<u>渋谷区</u>に置く。
［新設］	<u>附則 第3条（本店の所在地）の変更は、平成25年7月31日までに開催される取締役会において決定する本店移転日をもって、その効力を生ずるものとする。 なお、本附則は、効力発生時期経過後削除する。</u>

＊下線は変更箇所を示す。

書式5 取締役会議案例（新本店の具体的所在場所・移転年月日の決定）

第○号議案　本店移転の件

　議長は、業務の都合上、本店を下記のとおり移転したい旨を説明し、その賛否を議場に諮ったところ、出席取締役は全員異議なくこれを承認可決した。

記

　本店所在地：東京都渋谷区××三丁目6番7号
　本店移転日（業務開始日）：平成25年8月1日

書式6 登記申請書例（本店移転、代表取締役の住所変更登記・旧本店所在地の管轄登記所宛）

```
会社法人等番号    株式会社－１２３４××      1/2

          株式会社変更・本店移転登記申請書

１．商      号    株式会社星光商事
１．本      店    東京都新宿区××五丁目２番１号
１．登記の事由    本店移転
                 代表取締役の住所変更
１．登記すべき事項  別添ＣＤ－Ｒのとおり
１．登録免許税    金４万円
１．添付書類      株主総会議事録              １通
                 取締役会議事録              １通

上記のとおり登記の申請をします。

   平成２５年８月１日

      東京都渋谷区××三丁目６番７号
      申　請　人　　株式会社星光商事

      東京都渋谷区××九丁目１０番１１号
      代表取締役　　星　光男
      連絡先の電話番号　　０３－１２３４－５６７８

東京法務局新宿出張所　御中
```

書式7 登記すべき事項の入力例（本店移転、代表取締役の住所変更登記・旧本店所在地の管轄登記所宛）

```
「役員に関する事項」
「資格」代表取締役
「住所」東京都渋谷区××九丁目１０番１１号
「氏名」星光男
「原因年月日」平成２５年８月１日住所移転
「登記記録に関する事項」
平成２５年８月１日東京都渋谷区××三丁目６番７号に本店移転
```

第7章　定款変更・本店移転に関する議事録と登記

| 書式8 | 登記申請書例（本店移転登記・新本店所在地の管轄登記所宛） |

会社法人等番号　　株式会社－１２３４××

2/2

株式会社本店移転登記申請書

1．商　　　　　号　　株式会社星光商事
1．本　　　　　店　　東京都渋谷区××三丁目６番７号
1．登 記 の 事 由　　本店移転
1．登記すべき事項　　別添ＣＤ－Ｒのとおり
1．登 録 免 許 税　　金３万円

上記のとおり登記の申請をします。

　平成２５年８月１日

　　東京都渋谷区××三丁目６番７号
　　申　請　人　　株式会社星光商事

　　東京都渋谷区××九丁目１０番１１号
　　代表取締役　　星　光男
　　連絡先の電話番号　03－1234－5678

東京法務局渋谷出張所　御中

書式9 登記すべき事項の入力例（本店移転登記・新本店所在地の管轄登記所宛）

「商号」株式会社星光商事
「本店」東京都渋谷区××三丁目6番7号
「公告をする方法」
電子公告による方法とする。
ｈｔｔｐ：／／ｗｗｗ．○○．○○／ｈｏｕｔｅｉ．ｈｔｍｌ
ただし、事故その他やむを得ない事由によって電子公告による公告をすることができない場合は、○○新聞に掲載する方法により行う。
「会社成立の年月日」平成○年○月○日
「目的」
　１．自動車部品の製作及び販売並びに輸出入
　２．コンピュータソフトウェアの開発及び販売
　３．不動産の売買、賃貸及び管理
　４．衣料品、服飾品、文具等物品の販売及び輸出入
　５．前各号に附帯関連する一切の事業
「発行可能株式総数」４０００株
「発行済株式総数」１０００株
「資本金の額」１０００万円
「株式の譲渡制限に関する規定」
当会社の株式を譲渡により取得するには当会社の承認を受けなければならない。
「役員に関する事項」
「資格」取締役
「氏名」星光男
「原因年月日」平成２５年５月２７日重任
「役員に関する事項」
「資格」取締役
「氏名」崎岡円蔵

「原因年月日」平成２５年５月２７日重任
「役員に関する事項」
「資格」取締役
「氏名」井田善治
「原因年月日」平成２５年５月２７日重任
「役員に関する事項」
「資格」代表取締役
「住所」東京都渋谷区××九丁目１０番１１号
「氏名」星光男
「原因年月日」平成２５年５月２７日重任
「役員に関する事項」
「資格」監査役
「氏名」村田一郎
「原因年月日」平成２５年５月２７日重任
「取締役会設置会社に関する事項」取締役会設置会社
「監査役設置会社に関する事項」監査役設置会社
「登記記録に関する事項」平成２５年８月１日東京都新宿区××五丁目２番１号から本店移転

書式10 登記申請書例（定款変更が不要な場合の本店移転）

株式会社本店移転登記申請書

1．会社法人等番号　　０１××－０１－１２３４××
1．商　　　　　号　　株式会社星光商事
1．本　　　　　店　　東京都××区××五丁目２番１号
1．登 記 の 事 由　　本店移転
1．登記すべき事項　　平成２５年８月１日本店移転
　　　　　　　　　　本店　東京都××区○○六丁目７番８号
1．登 録 免 許 税　　金３万円
1．添 付 書 類　　取締役会議事録　　　　　　　１通

上記のとおり登記を申請します。

　　平成２５年８月１日

　　　東京都××区○○六丁目７番８号
　　　申　請　人　　株式会社星光商事

　　　東京都××区××七丁目３番２号
　　　代表取締役　　星　光男
　　　連絡先の電話番号　０３－１２３４－５６７８

東京法務局××出張所　御中

3 機関の設置・廃止に関する書類作成の注意点

機関設計の変更には定款変更が必須である

● 取締役会・監査役設置会社の定めの廃止に関する株主総会議案例（書式11）

　書式11は、取締役3名、監査役1名の取締役会・監査役設置会社において代表取締役である取締役以外の2名の取締役が辞任をしたことに伴い、機関設計を変更し、取締役会・監査役を廃止する場合の株主総会議案例です。機関設計を変更する際には、定款の大幅な変更が必要となりますので、すべての定款条項を確認し、各条項の変更が必要かどうかを確認するようにしましょう。

● 取締役会・監査役設置会社の定めの廃止等に関する登記申請書例（書式12、書式13）

　株主総会において書式11の議案の決議がされた場合の登記申請書例です。登録免許税は、取締役会設置会社の定めの廃止が1件につき3万円、監査役設置会社の定めの廃止・株式の譲渡制限に関する規定の変更が1件につき3万円、役員変更が1件につき1万円（資本金の額が1億円を超える場合は3万円）なので、合計で7万円となります。

　なお、監査役設置会社の定めを廃止すると、監査役は退任します（会社法334条4項1号）ので、登記すべき事項の原因年月日の欄には「平成25年5月27日退任」と定款変更日をもって退任した事実を記載します。

● 取締役会・監査役設置会社の定めの設定に関する株主総会議案例（書式14）

　取締役会・監査役設置会社の定めを設定する場合も定款の大幅な変

更が必要となります。書式14は株主総会議事録に別紙として変更後の定款全文を添付する場合の株主総会議案例になります。

また、取締役会・監査役設置会社の定めを設定する定款変更をした場合には、監査役の選任、必要に応じて取締役の選任（取締役会設置会社は３名以上の取締役が必要ですが、定款の変更前から３名以上の取締役がいる会社は取締役の選任が必須ではありません）が必要となります。

● 取締役会設置に伴う代表取締役の選定に関する取締役会議事録（書式15）

取締役会設置会社の定めを設定する旨の定款変更をした場合、会社法362条２項３号及び新定款の規定に基づき、取締役会で代表取締役を選定する必要が生じます。

● 取締役会・監査役の設置に関する登記申請書例（書式16、書式17）

株主総会で書式14の議案が決議され、株主総会後の取締役会で書式15の議案が決議された場合の登記申請書例です。

書式15では、定款変更前から代表取締役であった取締役が取締役会において、改めて代表取締役に選定されていますので、その選定の事実を証明するために取締役会議事録を添付する必要があります。しかし、代表取締役として既に登記されていますので、登記すべき事項として、代表取締役に改めて選定された事実を記載する必要はありません。

なお、登録免許税は、取締役会設置会社の定めの設定が１件につき３万円、監査役設置会社の定めの設定が１件につき３万円、役員変更が１件につき１万円（資本金の額が１億円を超える場合は３万円）なので、合計で７万円となります。

書式11 株主総会議案例（取締役会・監査役設置会社の定めの廃止）

第○号議案　定款全面改定の件

　議長は、下記1の理由により、当会社の定款を下記2のとおり全面的に改定したい旨を述べ、その承認の可否を諮ったところ、出席株主は満場一致でこれを承認可決した。

1．定款変更の理由
　⑴　取締役崎岡円蔵及び井田善治が取締役の辞任を申し出ており、後任の取締役候補者が存在しないので、取締役会設置会社の定めを廃止し、取締役の員数制限を撤廃するため。
　⑵　取締役会設置会社の旨の定めの廃止に伴い、監査役設置会社の定めを廃止するため。
　⑶　取締役会設置会社、監査役設置会社の定めの廃止に伴い、所要の変更をするため。
　⑷　その他、現状不要となっている規定を削除するため。

2．定款変更の内容

現　行　定　款	変　更　案
第1章　総　則	第1章　総　則
（商号） 第1条　［条文省略］	（商号） 第1条　［現行どおり］
（目的） 第2条　［条文省略］	（目的） 第2条　［現行どおり］
（本店の所在地） 第3条　［条文省略］	（本店の所在地） 第3条　［現行どおり］

（公告方法） 第4条　［条文省略］	（公告方法） 第4条　［現行どおり］
（機関の設置） <u>第5条　当会社は、株主総会</u> <u>　　　　及び取締役の他、次の</u> <u>　　　　機関を置く。</u> <u>　　　（1）取締役会</u> <u>　　　（2）監査役</u>	［削除］
第2章　株　式	第2章　株　式
（発行可能株式総数） 第<u>6</u>条　［条文省略］	（発行可能株式総数） 第<u>5</u>条　［現行どおり］
（株式の譲渡制限） 第<u>7</u>条　当会社の株式を譲渡 　　　　により取得するには、 　　　　<u>取締役会</u>の承認を受け 　　　　なければならない。	（株式の譲渡制限） 第<u>6</u>条　当会社の株式を譲渡 　　　　により取得するには、 　　　　<u>当会社</u>の承認を受けな 　　　　ければならない。 　　　<u>2　前項の承認機関は、</u> 　　　　<u>株主総会とする。</u>
（株券の不発行） 第<u>8</u>条　［条文省略］	（株券の不発行） 第<u>7</u>条　［現行どおり］
（株式等の割当てを受ける権利 を与える場合） 第<u>9</u>条　当会社の株式（自己 　　　　株式の処分による株式 　　　　を含む）及び新株予約 　　　　権を引き受ける者の募 　　　　集において、株主に株	（株式等の割当てを受ける権利 を与える場合） 第<u>8</u>条　当会社の株式（自己 　　　　株式の処分による株式 　　　　を含む）及び新株予約 　　　　権を引き受ける者の募 　　　　集において、株主に株

式又は新株予約権の割当てを受ける権利を与える場合には、その募集事項、株主に当該株式又は新株予約権の割当てを受ける権利を与える旨及び引受けの申込みの期日の決定は取締役会の決議によって行う。	式又は新株予約権の割当てを受ける権利を与える場合には、その募集事項、株主に当該株式又は新株予約権の割当てを受ける権利を与える旨及び引受けの申込みの期日は取締役の過半数の決定によって定める。
(株主名簿記載事項の記載又は記録の請求) 第10条　[条文省略]	(株主名簿記載事項の記載等の請求) 第9条　[現行どおり]
(質権の登録及び信託財産の表示) 第11条　[条文省略]	(質権の登録及び信託財産の表示) 第10条　[現行どおり]
(手数料) 第12条　[条文省略]	(手数料) 第11条　[現行どおり]
(株主の住所等の届出) 第13条　[条文省略]	(株主の住所等の届出) 第12条　[現行どおり]
(基準日) 第14条　当会社は、毎事業年度末日の最終の株主名簿に記載又は記録された議決権を行使することができる株主をもって、その事業年度に関する定時株主総会において権利を行使することができる株主とする。	(基準日) 第13条　当会社は、毎事業年度末日の最終の株主名簿に記載又は記録された議決権を行使することができる株主をもって、その事業年度に関する定時株主総会において権利を行使することができる株主とする。

2　前項の他必要があるときは、取締役会の決議によりあらかじめ公告して臨時に基準日を定めることができる。	2　前項の他必要があるときは、取締役の過半数の決定によりあらかじめ公告して臨時に基準日を定めることができる。
第3章　株主総会	第3章　株主総会
(株主総会の権限) 第15条　株主総会は、会社法に規定する事項及び定款で定めた事項に限り、決議をすることができる。	［削除］
(招集) 第16条　［条文省略］	(招集) 第14条　［現行どおり］
(招集手続) 第17条　［条文省略］	(招集手続) 第15条　［現行どおり］
(招集権者及び議長) 第18条　株主総会は、法令に別段の定めがある場合を除き、取締役会の決議によって取締役社長が招集する。ただし、取締役社長に事故があるときは、あらかじめ取締役会において定めた順序により、他の取締役が招集する。 　2　株主総会において、取締役社長が議長となる。	(招集権者及び議長) 第16条　株主総会は、法令に別段の定めがある場合を除き、取締役の過半数の決定により取締役社長がこれを招集し、議長となる。 　2　取締役社長に事故があるときは、あらかじめ定めた順序により、他の取締役が株主総会を招集し、議長となる。

<u>ただし、取締役社長に事故があるときは、あらかじめ取締役会において定めた順序により他の取締役が議長となる。</u>	
(決議の方法) 第<u>19</u>条　[条文省略]	(決議の方法) 第<u>17</u>条　[現行どおり]
(株主総会の決議等の省略) 第<u>20</u>条　[条文省略]	(株主総会の決議等の省略) 第<u>18</u>条　[現行どおり]
(議決権の代理行使) 第<u>21</u>条　[条文省略]	(議決権の代理行使) 第<u>19</u>条　[現行どおり]
(株主総会議事録) 第<u>22</u>条　[条文省略]	(株主総会議事録) 第<u>20</u>条　[現行どおり]
第4章　取締役及び取締役会	第4章　株主総会以外の機関
(取締役の員数) 第<u>23</u>条　当会社の取締役は、<u>3名以上10名以内</u>とする。	(取締役の員数) 第<u>21</u>条　当会社の取締役は、<u>1</u>名以上とする。
(取締役の選任及び解任) 第<u>24</u>条　[条文省略]	(取締役の選任及び解任) 第<u>22</u>条　[現行どおり]
(取締役の任期) 第<u>25</u>条　[条文省略]	(取締役の任期) 第<u>23</u>条　[現行どおり]
(代表取締役及び役付取締役の選定) 第<u>26</u>条　<u>代表取締役は、取締役会の決議で定める。</u>	(代表取締役及び役付取締役の選定) 第<u>24</u>条　<u>取締役が2名以上いるときは代表取締役を</u>

2　取締役会の決議により、代表取締役の中から取締役社長1名を選定し、取締役の中から取締役副社長、専務取締役及び常務取締役を選定することができる。 3　取締役社長は、当会社の業務を執行する。 4　取締役会の決議により、第2項に規定する社長以外の者の中から業務執行取締役を選定することができる。 （取締役会の招集） 第27条　取締役会は、法令に別段の定めがある場合を除き、取締役社長が招集し、議長となる。取締役社長に事故があるときは、他の取締役があらかじめ定めた順序により、これに代わって招集し、議長となる。 2　取締役会の招集通知は、各取締役及び各監査役に対して会日の3日前までに発する。ただし、緊急を要する場合はこれを短縮するこ	1名以上置き、取締役の互選によって定める。 2　代表取締役が複数名いる場合には、取締役の互選により、代表取締役の中から社長を選定する。代表取締役が1名の場合には、当該代表取締役を社長とする。 3　取締役が複数いる場合には、必要に応じて、取締役の互選により、取締役の中から取締役副社長各1名、専務取締役並びに常務取締役各若干名を選定することができる。 ［削除］

とができる。
　3　取締役会は、取締役及び監査役の全員の同意があるときは、招集の手続を経ることなく開催することができる。

（決議の方法）　　　　　　　　　　　　　［削除］
第28条　取締役会の決議は、議決に加わることができる取締役の過半数が出席し、その過半数をもって行う。

（取締役会の決議等の省略）　　　　　　　［削除］
第29条　取締役が取締役会の決議の目的である事項について提案をした場合において、当該提案につき取締役（当該事項について議決に加わることができるものに限る）の全員が書面又は電磁的記録により同意の意思表示をしたときは、当該提案を可決する旨の取締役会の決議があったものとみなす。ただし、監査役が異議を述べたときは、この限りでない。
　2　取締役又は監査役が、取締役及び監査役の全員に対して、取締役会

に報告すべき事項（ただし、会社法第363条第2項の規定により報告すべき事項を除く）を通知したときは、当該事項を取締役会へ報告することを要しない。	
(取締役会議事録) 第30条　取締役会の議事については、法務省令で定めるところにより議事録を作成し、出席した取締役及び監査役がこれに署名若しくは記名押印又は電子署名を行う。 ２　取締役会の議事録は、取締役会の日から10年間本店に備え置く。	［削除］
(取締役会規程) 第31条　取締役会に関する事項は、法令又は本定款の他、取締役会において定める取締役会規程によるものとする。	［削除］
(取締役の報酬等) 第32条　取締役の報酬、賞与その他の職務執行の対価として当会社から受ける財産上の利益（以下「報酬等」という）は、株主総会の決議によっ	(取締役の報酬等) 第25条　取締役が報酬、賞与その他の職務執行の対価として当会社から受ける財産上の利益は、株主総会の決議によって定める。

て定める。	
第5章　監査役	［削除］
(監査役の員数) 第33条　当会社の監査役は、3名以内とする。	［削除］
(監査役の選任及び解任) 第34条　監査役を選任する株主総会の決議は、議決権を行使することができる株主の議決権の過半数を有する株主が出席し、出席した当該株主の議決権の過半数をもって行う。 　2　監査役を解任する株主総会の決議は、議決権を行使することができる株主の議決権の過半数を有する株主が出席し、出席した当該株主の議決権の3分の2以上に当たる多数をもって行う。	［削除］
(監査役の任期) 第35条　監査役の任期は、選任後4年以内に終了する事業年度のうち最終のものに関する定時株主総会の終結の時までとする。	［削除］

2 補欠として選任された監査役の任期は、退任した監査役の任期の満了する時までとする。	
(監査役の報酬等) 第36条　監査役の報酬等については、株主総会の決議によって定める。	［削除］
第6章　計　算	第5章　計　算
(事業年度) 第37条　［条文省略］	(事業年度) 第26条　［現行どおり］
(剰余金の配当) 第38条　［条文省略］	(剰余金の配当) 第27条　［現行どおり］
(配当金の除斥期間) 第39条　［条文省略］	(配当金の除斥期間) 第28条　［現行どおり］
第7章　附　則	第6章　附　則
(設立に際して出資される財産の最低額) 第40条　当会社の設立に際して出資される財産の最低額は、金1000万円とする。	［削除］
(成立後の資本金及び資本準備金の額) 第41条　当会社の成立後の資本金の額は、設立に際	［削除］

<u>して株主となる者が払込みをした財産の額の2分の1とする。</u> <u>2　前項の規定により資本金として計上しないこととした額は、資本準備金とする。</u>	
（最初の事業年度） 第42条　当会社の最初の事業年度は、当会社成立の日から平成〇年3月31日までとする。	［削除］
（発起人の氏名又は名称及び住所） 第43条　当会社の発起人の氏名又は名称及び住所は、次のとおりである。 　1．（住所）東京都××区 　　　××七丁目3番2号 　　（氏名）星　光男 　2．（住所）東京都△△区 　　　△△八丁目9番10号 　　（氏名）崎岡　円蔵 　3．（住所）東京都〇〇市 　　　〇〇893番地 　　（氏名）井田　善治	［削除］
（定款に定めのない事項） 第<u>44</u>条　［条文省略］	（定款に定めのない事項） 第<u>29</u>条　［現行どおり］

＊下線は変更箇所を示す。

| 書式12 | 登記申請書例（取締役会・監査役設置会社の定めの廃止等）

会社法人等番号　株式会社－１２３４××

株式会社変更登記申請書

１．商　　　　号　　株式会社星光商事
１．本　　　　店　　東京都××区××五丁目２番１号
１．登記の事由　　　株式の譲渡制限に関する規定の変更
　　　　　　　　　　取締役及び監査役の変更
　　　　　　　　　　取締役会設置会社の定めの廃止
　　　　　　　　　　監査役設置会社の定めの廃止
１．登記すべき事項　別添ＣＤ－Ｒのとおり
１．登録免許税　　　金７万円
１．添 付 書 類　　　株主総会議事録　　　　　１通
　　　　　　　　　　辞任届　　　　　　　　　２通

上記のとおり登記の申請をします。

　　平成２５年５月２７日

　　東京都××区××五丁目２番１号
　　申　請　人　　株式会社星光商事

　　東京都××区××七丁目３番２号
　　代表取締役　　星　　光男
　　連絡先の電話番号　０３－１２３４－５６７８

東京法務局××出張所　御中

書式13 登記すべき事項の入力例（取締役会・監査役設置会社の定めの廃止等）

「株式の譲渡制限に関する規定」
当会社の株式を譲渡により取得するには、当会社の承認を受けなければならない。
「原因年月日」平成２５年５月２７日変更
「役員に関する事項」
「資格」取締役
「氏名」崎岡円蔵
「原因年月日」平成２５年５月１７日辞任
「役員に関する事項」
「資格」取締役
「氏名」井田善治
「原因年月日」平成２５年５月１７日辞任
「役員に関する事項」
「資格」監査役
「氏名」丁原四郎
「原因年月日」平成２５年５月２７日退任
「取締役会設置会社に関する事項」平成２５年５月２７日廃止
「監査役設置会社に関する事項」平成２５年５月２７日廃止

書式14 株主総会議案例（取締役会・監査役設置会社の定めの設定）

第○号議案　定款全面改定の件

議長は、当社の現状を鑑み、当社の定款を別紙のとおり全面的に改定し、取締役会及び監査役設置会社の定めを設定し、またそれに伴う所要の変更をしたい旨を述べ、その承認の可否を議場に諮ったところ、出席株主は満場一致でこれを承認可決した。

第○号議案　取締役2名選任の件

議長は、前号議案により、取締役会設置会社の定めを設定したことに伴い、増員取締役を2名選任する必要がある旨を述べ、その候補者として、崎岡円蔵及び井田善治を指名した。
ついで、議長は、増員取締役として崎岡円蔵及び井田善治を選任することの可否を議場に諮ったところ、出席株主は満場一致でこれを承認可決した。

第○号議案　監査役1名選任の件

議長は、第1号議案により、監査役設置会社の定めを設定したことに伴い、新たに監査役を1名選任する必要がある旨を述べ、その候補者として、丁原四郎を指名した。
ついで、議長は、監査役として丁原四郎を選任することの可否を議場に諮ったところ、出席株主は満場一致でこれを承認可決した。

書式15 取締役会議案例（取締役会設置に伴う代表取締役の選定）

第○号議案　代表取締役選定の件

　議長は、本日開催の第○期定時株主総会の決議により、当社が取締役会設置会社となったため、当社定款第26条第1項の規定に基づき、代表取締役を選定する必要がある旨を述べ、慎重協議したところ、出席取締役全員の一致により下記の者を代表取締役に選定することを可決確定した。

記

（住所）東京都××区××七丁目3番2号
（氏名）星　光男

　なお、被選定者である星光男は席上代表取締役に就任することを承諾した。

書式16 登記申請書例（取締役会・監査役設置会社の定めの設定等）

会社法人等番号　　株式会社－１２３４××

株式会社変更登記申請書

１．商　　　　　号	株式会社星光商事	
１．本　　　　　店	東京都××区××五丁目２番１号	
１．登記の事由	取締役及び監査役の変更	
	取締役会設置会社の定めの設定	
	監査役設置会社の定めの設定	
１．登記すべき事項	別添ＣＤ－Ｒのとおり	
１．登録免許税	金７万円	
１．添付書類	株主総会議事録	１通
	取締役会議事録	１通
	取締役の就任承諾書	２通
	監査役の就任承諾書	１通
	代表取締役の就任承諾を証する書面	
	取締役会議事録の記載を援用する	
	委　任　状	１通

上記のとおり登記を申請する。

　平成２５年５月２７日

　　東京都××区××五丁目２番１号
　　申　請　人　　株式会社星光商事

　　東京都××区××七丁目３番２号
　　代表取締役　　星　光男
　　連絡先の電話番号　　03－1234－5678

東京法務局××出張所　御中

第7章　定款変更・本店移転に関する議事録と登記

書式17 登記すべき事項の入力例（取締役会・監査役設置会社の定めの設定等）

「役員に関する事項」
「資格」取締役
「氏名」崎岡円蔵
「原因年月日」平成２５年５月２７日就任
「役員に関する事項」
「資格」取締役
「氏名」井田善治
「原因年月日」平成２５年５月２７日就任
「役員に関する事項」
「資格」監査役
「氏名」丁原四郎
「原因年月日」平成２５年５月２７日就任
「取締役会設置会社に関する事項」平成２５年５月２７日設定
「監査役設置会社に関する事項」平成２５年５月２７日設定

第8章

組織再編に関する議事録と登記

1 組織再編について知っておこう

吸収合併や吸収分割が組織再編手続にあたる

● 組織再編とは

　企業の結合・分割などによって会社組織が変更される行為のことを組織再編手続きといいます。

　会社は、その事業の拡大・縮小にともない、組織再編が必要となる場合があります。たとえば不採算部門の事業から撤退しなければならない場合は、不採算部門を吸収分割や事業譲渡によって自社から切り離す方法があります。また、生き残りをかけて、あるいは、市場での競争力を高めるために他社と合併したり、株式交換・株式移転によって経営統合することも考えられます。会社法は、このような必要性から、多様な組織再編制度を用意しています。一般的に組織再編手続には、①合併、②会社分割、③株式交換、④株式移転、⑤事業譲渡という方法が利用されます。

● 合併手続きとは

　2社以上の会社が契約により1社になることです。合併は、企業の競争力の強化、市場占有率の拡大、経営が悪化している会社の救済、子会社の整理などさまざまな目的で行われることがあります。合併には、①吸収合併、②新設合併、の2つの手続きがあります。

① 　吸収合併

　会社（存続会社）が他の会社（消滅会社）を合併により吸収する手続きで、合併の効力発生日に存続会社が消滅会社の権利義務の一切を承継します。

② 　新設合併

　2社以上の会社（消滅会社となります）がする合併であって、合併

によって、新たな会社を設立し、その新設会社に消滅会社の権利義務の一切を承継させます。新設合併は吸収合併に比べると、合併契約書などに記載する事項が多く（新設会社の定款の内容など）、一般的には行われることが少ない手続きです（対等合併であっても吸収合併手続きをとる場合がほとんどです）。

● 吸収合併の手続きの流れ

　吸収合併を行う場合、債権者の保護のための公告・催告や、合併に反対する株主に株式の買取請求の機会を与えるための通知、消滅会社が株券を発行している場合は株券提出のための公告等の手続きが必要です。

　また、原則として、株主総会や取締役会での決議が必要になるため、株主総会・取締役会を開催するための招集手続きも必要になります。

　吸収合併の手続きは、大まかにいうと①から④のような流れで進められます。

① **取締役会の決議に基づき合併契約の締結（存続会社・消滅会社）**
　合併する2社間において合併契約を締結します。

② **株主総会において合併契約書の承認（存続会社・消滅会社）**
　締結した合併契約書は、合併の効力発生日までに株主総会の承認を受ける必要があります。この決議要件は特別決議（22ページ）です。

③ **債権者保護手続き（存続会社・消滅会社）**
　合併に異議を述べることができる債権者を保護するため、官報に合併公告をする必要があります。また原則として、会社が把握している債権者に対して、個別に催告をする必要があります。

④ **吸収合併の効力発生**
　合併契約書で定めた、効力発生日に合併の効力が発生します。効力発生日から2週間以内に登記をする必要があります。

● 簡易吸収合併・略式合併手続き

　存続会社の規模に比べ、消滅会社の規模が著しく小さい場合など、存続会社に影響が少ない吸収合併手続きにおいては、会社法に規定する一定要件（会社法796条等）を満たせば「簡易吸収合併」の手続きをとることができます。簡易吸収合併手続きのメリットは、存続会社において株主総会の承認を省略できる点にあります。

　また、存続会社が消滅会社の株式を90％以上保有している場合は略式合併手続きをとることが可能です。略式合併手続きのメリットは、消滅会社において株主総会の承認を省略できる点にあります。

● 会社分割とは

　株式会社がその事業に関して有する権利義務の全部又は一部を分割して既存の会社又は設立する新たな会社に承継させることです。会社が一事業を分割し子会社化する場合や、会社が一事業を他の会社に分割譲渡する際に利用される手続きです。会社分割には大きく分けて以下の2つの手続きがあります。

① 　吸収分割

　会社が、その事業に関して有する権利義務の全部又は一部を分割後、他の会社に承継させる分割手続きのことです。後述する事業譲渡と類似の結果が得られますが、個々の債権者などの承諾等が不要という点で有用です。

② 　新設分割

　1社又は2社以上の会社が、その事業に関する権利義務の全部又は一部を分割により設立する新会社に承継させる分割手続きです。

● 吸収分割手続きの流れ

　吸収分割の手続きは、大まかにいうと以下の①～④の流れで行われます。①～④の手続きの他、新設分割手続き、吸収分割手続き共に、

分割に反対する株主がいる場合にその株主に株式買取請求の機会を与えるための通知や分割によって新設分割設立会社・吸収分割承継会社に転籍することになる従業員との協議など、様々な手続きが必要になります。なお、会社分割手続きにおいても、分割する事業が、会社の規模からみて著しく小さい場合など一定の要件を満たす場合（会社法784条等）には、吸収分割会社の株主総会の承認決議を省略することができます。

また、吸収分割承継会社においても承継する事業が、会社の規模からみて著しく小さい場合など一定の要件を満たす場合（会社法796条等）には、株主総会の承認決議を省略することができます。

① 取締役の決議に基づく吸収分割契約の締結（分割会社・承継会社）

吸収分割をする当事者会社間において、吸収分割契約を締結します。

② 株主総会における吸収分割契約書の承認（分割会社・承継会社）

締結した吸収分割契約書は、吸収分割の効力発生日までに株主総会の承認を受ける必要があります。この決議要件は特別決議（22ページ）です。

③ 債権者保護手続き（分割会社・承継会社）

吸収分割に異議を述べることができる債権者がいる場合は、その債権者を保護するため、官報に公告をする必要があります。また、原則として、会社が把握している債権者に対して、個別に催告する必要があります。

④ 吸収分割の効力発生

吸収分割契約書で定めた効力発生日に吸収分割の効力が発生します。効力発生日から2週間以内に登記をする必要があります。

● 株式交換

既存の会社同士が、完全親子会社となるための組織再編手続きのことをいいます。たとえば、甲会社が乙会社を完全子会社としたい場

合、乙会社の株主全員から対価を支払って株式を取得する方法があり
ますが、乙会社の株主の中には反対する者がいる場合等にはその実現
に、時間がかかってしまう可能性があります。そのような場合に、甲
会社の株式等を取得対価として、乙会社の株主全員の所有する乙会社
の株式のすべてを甲に移転させるための手続きが株式交換です。株式
交換手続きにより、甲会社は乙会社の株式の100％を保有することに
なり、従前の乙会社の株主は甲会社から甲会社の株式等の対価を取得
することになります。

● 株式移転

　新会社を設立し、新会社に既存の会社の全株式を移転させ、既存の
会社が設立した新会社の完全子会社となる組織再編手続きのことです。
たとえば、新たに持株会社となる新会社を設立し、持株会社に数社の
全株式を取得させることによって、グループ会社（同一の会社を完全
親子会社とする兄弟会社）関係を創出する場合等に使われる手続きで
す。

● 事業譲渡

　事業譲渡の対象となる財産は、動産や不動産のような有形財産だけ
ではなく、取引先やその事業に関するノウハウなど無形財産なども含
みます。意義としては、吸収分割と類似していますが、事業譲渡をす
る際は、個々の債権者・債務者などの承諾等が必要になります。ただ
し、債権者の保護手続き（官報公告や個別の催告）が不要という点、
また法定の手続きが少ないという点で、有用な手続きです。

　会社がその事業を譲渡する場合などには、原則として株主総会の承
認決議を受ける必要があります（会社法467条）。たとえば、①事業の
全部譲渡、②事業の重要な一部の譲渡、③他の会社の事業の全部の譲
受け等をする場合には、株主総会の承認（特別決議）が必要です。

2 吸収合併・吸収分割に関する書式作成の注意点

組織再編のスケジュールを作成し、スケジュールに沿って書類作成をする

● 合併契約の締結に関する取締役会議案例（書式1、書式2）

　吸収合併することを業務執行の決定機関である取締役会で決定する場合の取締役会議案例です。書式1、書式2の議案を決議する取締役会において、同時に株主総会の招集決定をするとよいでしょう。

● 吸収合併契約書例（書式3）

　吸収合併を行う場合には、吸収合併存続会社と吸収合併消滅会社の間で合併契約を締結しなければなりません。

　吸収合併契約で定めなければならない主な事項は、①吸収合併存続会社及び吸収合併消滅会社の商号・住所、②吸収合併存続株式会社が吸収合併に際して吸収合併消滅会社の株主に対して株式を交付するときは、交付する株式の数及び資本金・資本準備金の額に関する事項、③吸収合併存続株式会社が吸収合併に際して吸収合併消滅会社の株主に対して株式等以外の財産を交付するときは、その財産の内容及び数又は額、④吸収合併存続会社が吸収合併に際して、吸収合併消滅会社の株主に対して株式等を交付するときは、その割当てに関する事項、⑤吸収合併の効力発生日等です（会社法749条1項）。

● 吸収合併契約の承認に関する株主総会議案例（書式4、書式5）

　吸収合併契約は効力発生日の前日までに株主総会の承認を受けなければなりません（会社法783条1項）。

　書式4は、吸収合併契約の承認決議とあわせ、合併することを条件として、合併の効力発生日をもって商号変更、取締役の選任を同時に決議する場合の株主総会議案例です。

● 吸収合併存続会社についての合併による変更登記申請書例（書式6、書式7）

　吸収合併存続会社に関する合併による変更登記の登録免許税は、増加した資本金の額に1000分の1.5（一部1000分の7になる場合があります）を乗じた額（最低3万円）です。

● 吸収合併消滅会社についての吸収合併による解散登記申請書例（書式8）

　吸収合併消滅会社については、合併による解散登記を申請しますが、この登記は、権利承継会社である吸収合併存続会社の代表者が申請します。書式8の合併による解散登記は、書式7の合併による変更登記と同時に、また、吸収合併消滅会社と吸収合併存続会社の本店所在地を管轄する登記所が異なる場合は、吸収合併存続会社の本店所在地を管轄する登記所（書式でいうと東京法務局新宿出張所）を経由して申請する必要があります。同時申請であることがわかるように、書式6と書式8の登記申請書には、余白部分に鉛筆などで、1／2・2／2などと表示してください。

● 吸収分割契約書例（書式9）

　吸収分割を行う場合には、吸収分割会社と吸収分割承継会社の間で吸収分割契約を締結しなければなりません。

　吸収分割契約で定めなければならない主な事項は、①吸収分割会社及び吸収分割承継会社の商号・住所、②吸収分割承継会社が吸収分割により吸収分割会社から承継する資産、債務、雇用契約その他の権利義務に関する事項、③吸収分割承継会社が吸収分割に際して吸収分割会社に対してその事業に関する権利義務の全部又は一部に代わる株式を交付するときは、その株式の数及び資本金・資本準備金の額に関する事項、④吸収分割承継会社が吸収分割に際して吸収分割会社に対してその事業に関する権利義務の全部又は一部に代わる株式等以外の財産を交付するときは、その財産の内容及び数又は額、⑤吸収分割承継

会社が吸収分割に際して吸収分割会社に対してその事業に関する権利義務の全部又は一部に代わる株式等を交付するときはその割当てに関する事項、⑥吸収分割の効力発生日、⑦吸収分割会社が、効力発生日に吸収分割会社の株主に吸収分割承継会社の株式を（剰余金の配当として）交付するときは、その旨等です（会社法758条）。

● 吸収分割契約の承認に関する株主総会議案例（書式10、書式11）

吸収分割契約は効力発生日の前日までに株主総会の承認を受けなければなりません（会社法783条1項）。株主総会議事録には資料として、吸収分割契約書又は吸収分割契約書の内容の記載がある株主総会招集通知を添付するようにしてください。

● 吸収分割承継会社についての吸収分割による変更登記申請書例（書式12）

吸収分割承継会社に関する吸収分割による変更登記の登録免許税は、増加した資本金の額に1000分の7を乗じた額（最低3万円）です。また、吸収分割によって資本金の額を増加しない場合は3万円です。

● 吸収分割会社についての吸収分割による変更登記申請書例（書式13）

書式13の吸収分割による変更登記は、書式12の登記申請書と同時に、また、吸収分割承継会社と吸収分割会社の本店所在地を管轄する登記所が異なる場合は、吸収分割会社の登記申請書は、吸収分割承継会社の本店所在地を管轄する登記所（書式でいうと東京法務局新宿出張所）を経由して申請する必要があります。経由により登記申請する場合、吸収分割会社についての吸収分割による変更登記申請書には、会社の印鑑証明書の添付が必要となります。

書式1 吸収合併存続会社における取締役会議案例（合併契約の締結）

第○号議案　吸収合併契約締結の件

　議長は、議場に資料を提出し、株式会社ムーンライトカンパニー（本店：東京都渋谷区××五丁目6番7号）を吸収合併する必要性を説明した。ついで議長は、平成25年7月1日付で株式会社ムーンライトカンパニーと別紙「吸収合併契約書」記載のとおりの合併契約を締結したい旨を提案し、その承認の可否を議場に諮ったところ、出席取締役は全員一致をもって、これを承認可決した。

書式2 吸収合併消滅会社における取締役会議案例（合併契約の締結）

第○号議案　合併契約締結の件

　議長は、議場に資料を提出し、当社を吸収合併消滅会社、株式会社星光商事（本店：東京都新宿区××五丁目2番1号）を吸収合併存続会社とする吸収合併契約を締結する必要性を説明した。ついで、議長は、平成25年7月1日付で株式会社星光商事と別紙「吸収合併契約書」記載のとおりの合併契約を締結したい旨を提案し、議場に諮ったところ、出席取締役は全員一致をもって、これを承認可決した。

書式3 吸収合併契約書例

吸収合併契約書

　株式会社星光商事（本店：東京都新宿区××五丁目2番1号。以下、「甲」という。）と株式会社ムーンライトカンパニー（本店：東京都渋谷区××五丁目6番7号。以下、「乙」という。）は、両会社の合併に関して、次のとおり契約する。
（吸収合併）
第1条　甲は乙を合併して存続し、乙は解散するものとする。
（新株の割当）
第2条　甲は、この合併に際して普通株式200株を発行し、効力発生日の前日の最終の乙の株主名簿に記載された株主に対して、その所有する乙の株式5株につき甲の株式1株の割合をもって割り当てるものとする。
（資本金及び準備金の額）
第3条　甲の合併後の資本金、資本準備金の額は、次のとおりとする。ただし、効力発生日における乙の資産及び負債の状態により、甲乙協議の上、これを変更することができる。
　(1)　資　本　金　金2000万円（増加する資本金の額　金1000万円）
　(2)　資本準備金　金0円（増加する資本準備金の額　金0円）
（効力発生日）
第4条　合併が効力を発生する日は平成25年9月1日とする。ただし、その日までに合併に必要な手続を行うことができないときは、甲乙協議の上、これを変更することができるものとする。
（引き継ぎ）
第5条　乙は、その作成による平成25年6月30日現在の貸借対照表及び財産目録を基礎とし、効力発生日において、その資産、負債その他の権利義務一切を甲に引き継ぐものとする。
2　乙は、平成25年7月1日から効力発生日までの間の資産及び負債の変動につき、別に計算書を作成し、その内容を明確にするものとする。
（善管注意義務）
第6条　甲及び乙は、本契約の締結後効力発生日に至るまで、善良な

る管理者の注意をもって業務の運営及び財産の管理を行うものとし、その財産及び権利義務に重大な影響を及ぼす行為を行う場合には、あらかじめ甲乙協議の上、これを行うものとする。

（従業員）
第7条　甲は、効力発生日現在の乙の従業員を、甲の従業員として引き継ぐものとする。
2　乙の従業員の退職金計算にまつわる勤続年数については、乙における勤続年数を通算し、その他の事項については甲乙協議の上決定するものとする。

（合併費用）
第8条　本合併に必要な費用は、すべて甲が負担するものとする。

（合併条件の変更等）
第9条　本契約締結の日から効力発生日に至るまでの間において、天災地変その他の事情により、甲及び乙の財産又は経営状態に重要な変動を生じたとき、若しくは、隠れたる重大な瑕疵が発見された場合には、甲乙協議の上、合併条件を変更し、又は本契約を解除することができるものとする。

（規定外条項）
第10条　本契約に定める事項の他、合併に関して協議すべき事項が生じた場合は、甲乙協議の上、これを決定するものとする。

　上記契約の成立を証するため、本契約書2通を作成し、甲及び乙は各1通を保有するものとする。

平成25年7月1日

（甲）　東京都新宿区××五丁目2番1号
　　　　株式会社星光商事
　　　　代表取締役　星　光男　　　　　㊞

（乙）　東京都渋谷区××五丁目6番7号
　　　　株式会社ムーンライトカンパニー
　　　　代表取締役　前田　助右衛門　　㊞

書式4 吸収合併存続会社における株主総会議案例（吸収合併契約の承認）

第○号議案　　合併契約承認の件

　議長は、末尾添付招集通知の株主総会参考書類○頁から○頁に従い、株式会社ムーンライトカンパニー（本店：東京都渋谷区××五丁目6番7号）を吸収合併する必要性並びに、吸収合併契約の内容を説明した。ついで、議長は、当社と株式会社ムーンライトカンパニーの両代表取締役間において平成25年7月1日付で締結された合併契約書（別紙のとおり）を議場に提出し、その承認の可否を議場に諮ったところ、出席株主は満場異議なくこれを承認可決した。

第○号議案　　定款一部変更

　議長は、前号議案で承認された株式会社ムーンライトカンパニーとの吸収合併の効力が発生することを条件に、当社の定款を下記要項で変更し、商号変更したい旨を述べ、その承認の可否を議場に諮ったところ、出席株主は満場異議なくこれを承認可決した。

記

1．定款変更の内容

現行定款	変更案
（商号） 第1条　当会社は、株式会社<u>星光商事</u>と称する。	（商号） 第1条　当会社は、株式会社<u>スターライトカンパニー</u>と称し、英文では、<u>Star Light Co.,Ltd.</u>と表示する。

2．定款変更の効力発生日　　平成25年9月1日

第○号議案　　取締役2名選任の件

　議長は、第○号議案で承認された株式会社ムーンライトカンパニーとの吸収合併の効力が発生することを条件に、平成25年9月1日付で下記2名を当社の取締役に選任したい旨を述べ、その承認の可否を議場に諮ったところ、出席株主は満場一致でこれを承認可決した。

記

　取　締　役　　　前田　助右衛門
　取　締　役　　　奥村　賢次

書式5　吸収合併消滅会社における株主総会議案例（吸収合併契約の承認）

第○号議案　　合併契約承認の件

　議長は、株式会社星光商事（本店：東京都新宿区××五丁目2番1号）と合併し、当社は解散したい旨を述べ、末尾添付招集通知の株主総会参考書類○頁から○頁に従い、吸収合併する必要性並びに吸収合併契約の内容を説明した。
　ついで議長は、当社と株式会社星光商事の両代表取締役間において平成25年7月1日付で締結された合併契約書（別紙のとおり）を議場に提出し、その承認の可否を議場に諮ったところ、出席株主は全員異議なくこれを承認可決した。

書式6 登記申請書例（吸収合併存続会社についての合併による変更登記）

```
会社法人等番号　　株式会社－１２３４××　　　　　　　　　　1/2

　　　　　　　　株式会社合併による変更登記申請書

１．商　　　　　号　　株式会社星光商事
１．本　　　　　店　　東京都新宿区××五丁目２番１号
１．登 記 の 事 由　　吸収合併による変更
　　　　　　　　　　　商号変更
　　　　　　　　　　　取締役の変更
１．登記すべき事項　　別添ＣＤ－Ｒのとおり
１．課税標準金額　　　金１０００万円
１．登録免許税額　　　金７万円
　　　　　　　　　　　内訳　合併による資本金の増加分　　金３万円
　　　　　　　　　　　　　　役員変更分　　　　　　　　　金１万円
　　　　　　　　　　　　　　その他変更分　　　　　　　　金３万円
１．添 付 書 類
　　　　合併契約書　　　　　　　　　　　　　　　　　　　１通
　　　　株主総会議事録　　　　　　　　　　　　　　　　　２通
　　　　公告及び催告をしたことを証する書面　　　　　　　○通
　　　　異議を述べた債権者に対し弁済し若しくは担保を提供し
　　　　若しくは当該債権者に弁済を受けさせることを目的とし
　　　　て相当の財産を信託したこと又は吸収合併をしても当該
　　　　債権者を害するおそれがないことを証する書面　　　○通
　　　　消滅会社の登記事項証明書　　　　　　　　　　　　１通
　　　　株券提供公告をしたことを証する書面　　　　　　　１通
　　　　資本金の額の計上に関する証明書　　　　　　　　　１通
　　　　登録免許税法施行規則第１２条第７項の規定に関する証明書　１通
　　　　取締役の就任承諾書　　　　　　　　　　　　　　　２通

上記のとおり登記の申請をします。

　　平成２５年９月１日
　　　東京都新宿区××五丁目２番１号
　　　申　請　人　　株式会社スターライトカンパニー

　　　東京都新宿区××七丁目３番２号
　　　代表取締役　　星　光男
　　　連絡先の電話番号　０３－１２３４－５６７８

東京法務局新宿出張所　御中
```

第8章　組織再編に関する議事録と登記

書式7 登記すべき事項の入力例（吸収合併存続会社についての変更登記）

「発行済株式の総数」４００株
「原因年月日」平成２５年９月１日変更
「資本金の額」金２０００万円
「原因年月日」平成２５年９月１日変更
「吸収合併」平成２５年９月１日東京都渋谷区××五丁目６番７号株式会社ムーンライトカンパニーを合併

書式8 登記申請書例（吸収合併消滅会社についての合併による解散登記）

会社法人等番号　株式会社－５６７８××　　　2/2

株式会社合併による解散登記申請書

１．商　　　　号　　株式会社ムーンライトカンパニー
１．本　　　　店　　東京都渋谷区××五丁目６番７号
１．登 記 の 事 由　　合併による解散
１．登記すべき事項　　平成２５年９月１日東京都新宿区××五丁目
　　　　　　　　　　　２番１号株式会社スターライトカンパニーに
　　　　　　　　　　　合併し解散
１．登 録 免 許 税　　金３万円

　上記のとおり登記の申請をします。

　　平成２５年９月１日

　　　東京都渋谷区××五丁目６番７号
　　　申　請　人　　株式会社ムーンライトカンパニー

　　　東京都新宿区××五丁目２番１号
　　　存続会社　　　株式会社スターライトカンパニー
　　　東京都××区××七丁目３番２号
　　　代表取締役　　星　光男
　　　連絡先の電話番号　　０３－１２３４－５６７８

東京法務局渋谷出張所　御中

書式9　吸収分割契約書例

吸収分割契約書

　ＸＹＺ株式会社（本店：東京都中央区〇〇十丁目11番12号。以下、「甲」という。）と株式会社星光商事（本店東京都新宿区××五丁目2番1号。以下、「乙」という。）は、甲の××事業に関する吸収分割に関し、次のとおり契約を締結する。

（吸収分割）
第1条　甲及び乙は、甲の××事業に関して有する権利義務の全部を乙に承継させるための吸収分割（以下「本件分割」という。）を行う。

（吸収分割に際し交付する株式等）
第2条　乙は、本件分割により承継する権利義務の全部に代わる対価として、本件分割に際して普通株式100株を発行し、これを甲に交付する。

（資本金及び準備金の額）
第3条　乙の本件分割後の資本金及び資本準備金の額は、次のとおりとする。
　(1)　資　本　金　　金1500万円（増加する資本金の額　金500万円）
　(2)　資本準備金　　金0円（増加する資本準備金の額　金0円）

（承継する権利義務）
第4条　乙は、本件分割により、別紙承継権利義務目録記載の甲の営む××事業に関する資産、債務、雇用契約その他の権利義務の全部を甲より承継する。

（効力発生日）
第5条　本件分割が効力を生ずる日（以下、「効力発生日」という。）は、平成25年9月1日とする。ただし、本件分割手続の進行に応じ必要があるときは、甲乙協議の上これを変更することができる。

（善管注意義務）
第6条 甲及び乙は、本契約締結後効力発生日に至るまで、善良なる管理者の注意をもってそれぞれ業務を執行し、かつ一切の財産管理の運営をするものとし、その財産及び権利義務に重大な影響を及ぼす行為を行う場合には、あらかじめ甲乙協議の上これを行うものとする。

（条件の変更等）
第7条 本契約締結の日から効力発生日に至るまでの間において、天災地変その他の事情により、甲及び乙の財産又は経営状態に重要な変動を生じたとき、若しくは、隠れたる重大な瑕疵が発見された場合には、甲乙協議の上、吸収分割条件を変更し、又は本契約を解除することができる。

（規定外条項）
第8条 本契約に定める事項の他、本件分割に関して協議すべき事項が生じた場合は、甲乙協議の上、これを決定する。

上記契約の成立を証するため、本契約書2通を作成し、甲及び乙は各1通を保有するものとする。

平成25年7月1日

（甲）　東京都中央区○○十丁目11番12号
　　　　ＸＹＺ株式会社
　　　　代表取締役　上田　信重　　　　㊞

（乙）　東京都新宿区××五丁目2番1号
　　　　株式会社星光商事
　　　　代表取締役　星　光男　　　　　㊞

書式10 吸収分割会社における株主総会議案例（吸収分割契約の承認）

　　　　　第○号議案　株式会社星光商事との吸収分割契約承認の件

　議長は、議場に当社と株式会社星光商事との間で平成25年7月1日付で締結された吸収分割契約書を提出し、平成25年9月1日付で当社の××事業を株式会社星光商事に分割し承継させたい旨を述べ、その内容を末尾添付招集通知の株主総会参考書類○頁から○頁に従い詳細に説明した。
　ついで、議長は、議場に本吸収分割契約書の承認の可否を諮ったところ、出席株主の議決権の3分の2以上の賛成を得て、原案どおり承認可決された。

書式11 吸収分割承継会社における株主総会議案例（吸収分割契約の承認）

　　　　　第○号議案　ＸＹＺ株式会社との吸収分割契約承認の件

　議長は、議場に当社とＸＹＺ株式会社との間で平成25年7月1日付で締結された吸収分割契約書を提出し、平成25年9月1日付で吸収分割によってＸＹＺ株式会社の××事業を承継したい旨を述べ、その内容を末尾添付招集通知の株主総会参考書類○頁から○頁に従い詳細に説明した。
　ついで、議長は、議場に本吸収分割契約書の承認の可否を諮ったところ、出席株主の議決権の3分の2以上の賛成を得て、原案どおり承認可決された。

書式12 登記申請書例（吸収分割承継会社についての吸収分割による変更登記）

会社法人等番号　株式会社－１２３４××　　　　　　　　　１／２

吸収分割による株式会社変更登記申請書

1．商　　　　号　　株式会社星光商事
1．本　　　　店　　東京都新宿区××五丁目２番１号
1．登記の事由　　　吸収分割による変更
1．登記すべき事項　平成２５年９月１日東京都中央区○○十丁目
　　　　　　　　　　１１番１２号ＸＹＺ株式会社から分割
　　　　　　　　　　発行済株式の総数　３００株
　　　　　　　　　　資本金の額　金１５００万円
1．課税標準金額　　金５００万円
1．登録免許税額　　金３万５０００円
1．添　付　書　類
　　分割契約書　　　　　　　　　　　　　　　　　　　　　１通
　　株主総会議事録　　　　　　　　　　　　　　　　　　　２通
　　公告及び催告をしたことを証する書面　　　　　　　　　○通
　　異議を述べた債権者に対し弁済し若しくは担保を提供
　　し若しくは当該債権者に弁済を受けさせることを目的
　　として相当の財産を信託したこと又は吸収分割をして
　　も当該債権者を害するおそれがないことを証する書面　　○通
　　分割会社の登記事項証明書　　　　　　　　　　　　　　１通
　　資本金の額の計上に関する証明書　　　　　　　　　　　１通

上記のとおり登記の申請をします。

　　平成２５年９月１日

　　　　東京都新宿区××五丁目２番１号
　　　　申　請　人　　株式会社星光商事

　　　　東京都新宿区××七丁目３番２号
　　　　代表取締役　　星　光男
　　　　連絡先の電話番号　０３－１２３４－５６７８

東京法務局新宿出張所　御中

書式13 登記申請書例（吸収分割会社についての吸収分割による変更登記）

会社法人等番号　　株式会社－５６７８××

2/2

吸収分割による株式会社変更登記申請書

１．商　　　　　号　　ＸＹＺ株式会社
１．本　　　　　店　　東京都中央区○○十丁目１１番１２号
１．登 記 の 事 由　　吸収分割による変更
１．登記すべき事項　　東京都新宿区××五丁目２番１号株式会社星光
　　　　　　　　　　　商事に分割
１．登 録 免 許 税　　金３万円
１．添 付 書 類　　　印鑑証明書　　　　　　　　　　　１通

上記のとおり登記の申請をします。

　　平成２５年９月１日

　　　東東京都中央区○○十丁目１１番１２号
　　　申　請　人　　ＸＹＺ株式会社

　　　東京都××区××八丁目７番６号
　　　代表取締役　　上田　信重
　　　連絡先の電話番号　０３－８７６５－４３２１

東京法務局　御中

【監修者紹介】
円山 雄一朗（まるやま ゆういちろう）

司法書士。東京司法書士会会員第 4258 号（登録は圓山）・簡裁訴訟代理等関係業務認定第 501351 号。1981 年生まれ。2000 年慶應志木高等学校、2004 年慶應義塾大学法学部政治学科卒業。2005 年司法書士試験合格。2006 年東京都中央区の赤川司法書士事務所において司法書士登録。
不動産登記、商業登記、会社法務、債権譲渡登記などを中心に業務を手がけ、年間数千件の登記案件に携わる。
著作・監修書に『金融法務用語辞典』（経済法令研究会）、『事業者必携 最新版 株式会社の取締役会・株主総会・監査役会 議事録サンプル集 106』（小社刊）等がある。

【事務所】東京都中央区銀座二丁目 12 番 5 号　銀座 NF ビル 2 階
　　　　　赤川・円山司法書士事務所

事業者必携
最新
株式会社の議事録と登記申請書フォーマット 135

2013 年 8 月 10 日　第 1 刷発行

監修者	円山雄一朗（まるやまゆういちろう）
発行者	前田俊秀
発行所	株式会社三修社
	〒150-0001　東京都渋谷区神宮前2-2-22
	TEL　03-3405-4511　FAX　03-3405-4522
	振替　00190-9-72758
	http://www.sanshusha.co.jp
	編集担当　北村英治
印刷・製本	萩原印刷株式会社

©2013 Y. Maruyama Printed in Japan
ISBN978-4-384-04559-8 C2032

®〈日本複製権センター委託出版物〉
本書を無断で複写複製（コピー）することは、著作権法上の例外を除き、禁じられています。本書をコピーされる場合は事前に日本複製権センター（JRRC）の許諾を受けてください。
JRRC（http://www.jrrc.or.jp　e-mail : info@jrrc.or.jp　電話：03-3401-2382）